现代房地产经济学研究与问题透视

郑新妹 著

北京工业大学出版社

图书在版编目（CIP）数据

现代房地产经济学研究与问题透视 / 郑新妹著. — 北京：北京工业大学出版社，2025.7 重印
ISBN 978-7-5639-6657-8

Ⅰ. ①现… Ⅱ. ①郑… Ⅲ. ①房地产经济学－研究 Ⅳ. ① F293.30

中国版本图书馆 CIP 数据核字（2019）第 022916 号

现代房地产经济学研究与问题透视

著　　者：郑新妹
责任编辑：李俊焕
封面设计：点墨轩阁
出版发行：北京工业大学出版社
　　　　　　（北京市朝阳区平乐园 100 号　邮编：100124）
　　　　　　010-67391722（传真）　　bgdcbs@sina.com
经销单位：全国各地新华书店
承印单位：三河市元兴印务有限公司
开　　本：787 毫米 ×1092 毫米　1/16
印　　张：12
字　　数：240 千字
版　　次：2021 年 10 月第 1 版
印　　次：2025 年 7 月第 4 次印刷
标准书号：ISBN 978-7-5639-6657-8
定　　价：45.00 元

版权所有　翻印必究

（如发现印装质量问题，请寄本社发行部调换 010-67391106）

前 言

房地产经济学是一门研究房地产经济运行规律及其表现形式的学科，也是一门研究房地产资源配置效率的学科。

房地产经济学作为部门经济学，必须以理论经济学为它的理论基础。在我国，房地产经济学作为一门新兴学科，在其建立和完善的过程中离不开借鉴与吸收相关学科的理论"营养"。房地产经济学与社会主义市场经济理论的关系极为密切，可以说，我国的房地产业是社会主义市场经济的产物，其发展有赖于市场经济的完善和发展。此外，学习房地产经济学还必须了解和把握相关的地租理论、区位理论、城市建设理论、产权理论、市场供求理论、经济周期理论、宏观调控理论等。只有把上述这些相关理论融合起来，综合各方面的知识，才能形成真正的房地产经济理论体系。

本书第一章为绪论，主要阐述了房地产相关概念、房地产业在国民经济中的地位与作用，以及房地产经济学的学科性质和研究对象、房地产经济学内容体系和研究方法等内容；第二章为现代房地产经济学相关理论综述，主要阐述了地租理论、区位理论、厂商均衡理论，以及土地价格理论和制度经济学理论等内容；第三章为现代房地产经济运行与房地产市场，主要阐述了房地产市场概述、房地产市场供求关系，以及房地产市场体系的运行、房地产市场分析和房地产经济概述及其市场经济运行模式等内容；第四章为现代房地产价格与房地产价格体系，主要阐述了房地产价格概述、房地产价格体系及房地产价格评估和房地产价格的影响因素等内容；第五章为现代房地产经济周期与房地产泡沫，主要阐述了经济周期概述、现代房地产经济周期的概述，以及房地产泡沫和房地产泡沫的测定与预防等内容；第六章为现代房地产经济的宏观调控与管理，主要阐述了房地产宏观调控概述、房地产经济宏观调控的必要性分析和房地产经济宏观调控的政策手段等内容；第七章为现代房地产经济学的相关问题透视，主要阐述了地价问题、房价问题和经济调控问题等内容；第八章为现代房地产业的可持续发展探究，主要阐述了可持续发展概述、房地产业与可持续发展、房地产业可持续发展的必要性，以及影响房地产业可持续发展的因素和我国房地产业可持续发展的策略分析等内容。

为了保证内容的丰富性与研究的多样性，笔者在撰写本书的过程中参阅了很多关于现代房地产经济学研究与问题透视等方面的相关资料，在此对他们表示衷心的感谢。

最后，由于笔者水平及精力有限，书中难免有疏漏和不妥之处，恳请同行专家和读者批评指正。

目 录

第一章 绪 论 …………………………………………………………… 1
第一节 房地产相关概念 …………………………………………… 1
第二节 房地产业在国民经济中的地位与作用 …………………… 8
第三节 房地产经济学学科性质和研究对象 ……………………… 19
第四节 房地产经济学内容体系和研究方法 ……………………… 22

第二章 现代房地产经济学相关理论综述 ………………………… 25
第一节 地租理论 …………………………………………………… 25
第二节 区位理论 …………………………………………………… 33
第三节 厂商均衡理论 ……………………………………………… 38
第四节 土地价格理论 ……………………………………………… 40
第五节 制度经济学理论 …………………………………………… 43

第三章 现代房地产经济运行与房地产市场 ……………………… 47
第一节 房地产市场概述 …………………………………………… 47
第二节 房地产市场供求关系 ……………………………………… 50
第三节 房地产市场体系的运行 …………………………………… 56
第四节 房地产市场分析 …………………………………………… 58
第五节 房地产经济概述及其市场经济运行模式 ………………… 62

第四章 现代房地产价格与房地产价格体系 ……………………… 67
第一节 房地产价格概述 …………………………………………… 67
第二节 房地产价格体系及房地产价格评估 ……………………… 72
第三节 房地产价格的影响因素 …………………………………… 81

第五章 现代房地产经济周期与房地产泡沫 ……………………… 91
第一节 经济周期概述 ……………………………………………… 91
第二节 现代房地产经济周期的概述 ……………………………… 96

第三节　房地产泡沫 …………………………………………… 108
　　第四节　房地产泡沫的测定与预防 …………………………… 111
第六章　现代房地产经济的宏观调控与管理 ……………………… 115
　　第一节　房地产宏观调控概述 ………………………………… 115
　　第二节　房地产经济宏观调控的必要性分析 ………………… 120
　　第三节　房地产经济宏观调控的政策手段 …………………… 122
第七章　现代房地产经济学的相关问题透视 ……………………… 135
　　第一节　地价问题 ……………………………………………… 135
　　第二节　房价问题 ……………………………………………… 139
　　第三节　经济调控问题 ………………………………………… 149
第八章　现代房地产业的可持续发展探究 ………………………… 159
　　第一节　可持续发展概述 ……………………………………… 159
　　第二节　房地产业与可持续发展 ……………………………… 165
　　第三节　房地产业可持续发展的必要性 ……………………… 171
　　第四节　影响房地产业可持续发展的因素 …………………… 173
　　第五节　我国房地产业可持续发展的策略分析 ……………… 178
参考文献 ……………………………………………………………… 183

第一章 绪 论

房地产是我国的重要产业,对于我国国民经济的发展有着重要的作用和影响。因此,对房地产经济学的相关问题进行研究,具有重要的价值和意义。要展开深入的研究,首先要对房地产、房地产产业、房地产经济学等相关概念进行明确的阐述。本章即从概念入手,奠定研究的理论基础。

第一节 房地产相关概念

一、房地产的概念

房地产是房地产经济学最基本的经济范畴,科学地阐述其含义和特征,是房地产经济学研究的出发点。

房地产是房产和地产的统称,即房屋和土地两种财产的总称,包括建筑在土地上的各种房屋及一切未经人类劳动投入开发的土地和经过开发利用的土地,以及与房屋、土地有关的权益。

所谓房地产,是指房产和地产的结合体及其衍生的权利关系的总和。这一定义包括三层含义。

①从实物形态上说,房地产是房产和地产相结合的统一物。具体而言,房产是建筑在土地上的各种房屋,包括住宅、厂房、仓库及商业、服务、文化、教育、卫生、体育等各行各业的用房等;地产是指用于房屋建筑的土地及地上地下一定范围的立体空间,包括地面、地上一定的空间和地下相关的设施等。从自然意义上来说,土地的范围很广,只有当土地作为建筑地块及相关设施使用的时候,才构成房地产的组成部分;而房屋也是建筑在一定的地基之上的,必然离不开土地。所以实物形态的房地产,包括建筑地块和地基上的以房屋建筑为主要形式的定着物,是房产、地产的结合体和统一物。

②从价值形态上说,房地产作为商品是使用价值和价值的统一体。在市场经济条件下,房地产也是商品。房地产商品的使用价值是指可以用来满足人们生产和生活等各种需要的商品;房地产商品的价值是指开发生产该房地

产所消耗的人类一般劳动的凝结。在房地产经营活动中，它必须通过生产、交换、分配、消费诸环节，纳入社会再生产过程，包括房地产开发建设、销售、分配、使用，最终进入消费，当使用消耗完以后，又会重新进入新一轮循环。这种房地产社会生产和再生产过程，就必然构成一定的经济关系。

③从产权关系上说，房地产作为整个社会财富，又是一种资产，反映一定的经济权利关系。由于房地产具有空间位置不可移动性的特点，从而与动产相区别，一般又被称为"不动产"。在房地产商品交易中，它的空间位置并不移动，而只是房地产权利关系（包括所有权、占有权、支配权和使用权）的转移和改变。例如，某个家庭购买一套住宅，只能在不同的地段进行选择，而不能移动住宅本身，一旦交易完成后房屋的财产权就转移到购买者手中，任其支配和使用，由此获得了相应的财产权利。此外，所有者还可以通过房屋租赁只转移其使用权。正因为这种权利关系的转移比较复杂，所以需要办理多项手续，与一般的商品交换大不相同。

二、房地产的特性

（一）自然特性

1. 固定性

房地产在空间所占的位置，既不能移动，也不能调换，我们不能像购买其他商品一样把房地产带回家。因此房地产的利用具有鲜明的区位特点，位置直接关系到房地产的利用价值。房地产业中有句古话，即城市房地产的三条最重要的特征：一是位置，二是位置，第三还是位置。因此它具有明显的区域特征，不同地方的房子不可以相互调剂余缺，这导致了房地产市场的冷热不均。北京、上海的房地产市场出现泡沫，但我国其他城市，尤其是西北地区的城市房地产价格上涨的幅度要比一线城市小得多。

位置的固定性还说明，在房地产市场上让渡的并非是房地产本身，而是附着于房地产上的各种权利。因此房地产产权的安排、变迁与交易是房地产市场运行的前提和主要内容。

但需要强调的是：虽然房地产的自然地理位置是不变的，但由于房地产的位置特性是周边自然、经济、社会等多种区位因素综合作用的结果，而且这些区位因素会随着城市化和现代化进程而不断发生变化，因此房地产的位置固定性具有相对性

2. 承载性

从宏观角度讲，人类要生存和进化，就必须有纵向的时间阶段去延续它

的发展史,有立体的空间场所去包容它的社会行为和经济行为,因此,时间和空间是人类存在的基本方式。用这种观点进行分析,不难看出,房地产虽然只是人类生产和生存需求的一个项目或一个组成部分,但它与其他生产、消费项目不能等量齐观,它们的关系是承载者和被承载者的关系,房地产需求为其他生产或生活需要提供前提和条件。所以,从行为空间角度考察,房地产作为生产或消费行为的承载者,是人类存在和发展的基础。

3. 耐久性

一般的物品在使用过程中会较快地磨损、消耗,但房地产的使用则具有长期性,一般可使用许多年。例如,房地产评估中规定钢筋混凝土结构的非生产用房的使用寿命是 60 年,砖混结构是 50 年。

高度耐久性使得存量房成为房地产市场中供应的主体,而新增开发量作为流量使得房地产存量发生变化,但从数量上看它往往只占存量很少的一部分。而且,耐久性使得房地产同时具有固定资产的特征,因此按照国际统计核算的惯例,住宅投资属于固定资产投资核算中的一类;而且消费者价格指数(CPI)作为观察通货膨胀水平的重要指标,衡量了所选定的一篮子价格与居民生活紧密相关的消费品和劳务购买价格的变化,但由于住宅在国际统计惯例中被看作资产,因此这一篮子价格中不包括住宅购买的价格,于是经济中出现了房价飞涨而通货膨胀水平走低的令人困惑的现象。另外,在房地产较长的寿命周期内,社会、经济环境的变化会引起房地产价值的波动,因此必须用动态分析的方法来进行投资、估价及房地产政策的制定。还有房地产的耐久性使它成为一种良好的金融抵押品。

4. 异质性

异质性是房地产最重要的特征之一。由于房地产的位置固定,且不同位置的自然、社会、经济条件各不相同,再加上建筑物的式样、年限、朝向、装修、规模、设备等方面的千差万别,形成了房地产的异质性,即不存在两宗完全相同的房地产。因此,房地产和劳动力一样,被称为完全异质性商品,又被称为完全差异化商品,这使得房地产市场不可能是一个完全竞争市场,而是一个交易费用比较高的具有区域性和垄断性的市场。为了降低交易费用,提高市场运行效率,房地产中介服务业(房地产估价、经纪、营销等)就显得非常必要。

5. 土地不可再生性

没有土地就没有房地产,土地的特性会直接影响到房地产的特性。受地球表面陆地部分的空间限制,土地总面积是有限的,而且土地是由地貌、土壤、岩石、气候、植被等组成的自然历史综合体,是不可复制生产的自然资源。人类活动可以影响土地相对位置的变化及对土地的占有、分配和利用,但却无法创造土地。土地这一特征要求人类必须合理利用、珍惜和保护土地资源,务必重视房地产业的可持续发展。因而随着科学技术的进步,建筑物不断向高层空间发展以充分利用土地,而那些容积率很低的别墅必然要卖很高的价格。

（二）经济特性

1. 土地供给稀缺性

随着人口的不断增加及社会、经济、文化的不断发展,人类对土地的需求量也不断扩大,而土地面积的有限性,决定了土地供给的稀缺性,土地供应不会因为价格的上涨而增加,也不可能因其价格的变化而被复制,这就导致了土地供应和需求之间的矛盾,也加剧了房地产开发企业之间的竞争,特别是优质地段供应的有限性及不可复制性,导致了房地产开发企业之间的激烈竞争,"地王"频现,加大了房地产开发经营的垄断性。

2. 高价值性

其源自土地的稀缺性、房地产位置的固定性与异质性。房地产单位价值较高,一平方米商品房的价格少则数千元,多则上万元,因此一套商品房动辄几十万元、几百万元甚至上千万元,对于商业地产而言,其价值则更高。

3. 保值增值性

房地产保值性是指投放到房地产领域的资金其增值速度能抵消货币的贬值速度,或者说将资金投放到某宗房地产后所收回的资金,可保证完全能够买到当初投资额可以购买到的同等的商品或服务。房地产增值性是指随着时间的推移房地产的价值会逐渐地增加。产生房地产增值的原因有以下四个方面：①随着居民收入增加、人口增长及居住条件改善等引起的房地产需求增加,导致供需矛盾的加剧,从而带来房地产价格的上升；②通货膨胀的影响；③外部经济环境或交通条件的改善所带来的增值；④对房地产本身进行的投资改良,如装修改造、更新或者添置设备等。

值得注意的是,房地产保值增值在总体趋势上呈现一种波浪式上升,但不能排除在短时间内,随着社会经济的波动、周围环境的变化而导致的房地产价值的降低,甚至会出现连续下降的现象。

4. 产权分割性

房地产产权是由一系列权利组成的,这些不同的权利可以同时分属于不同的产权主体,由不同的权利人支配,如所有权、使用权、占有权、抵押权等。房地产位置的固定性使房地产交易实际上是产权的交易,即各种权利的流转,既可以是全部产权的转移,也可以是部分产权的转移。例如,出租房屋,实质上是使用权、占有权的有期限转移;房地产抵押则是一项他项权利的设立和转移。这些交易使房地产的产权分解,变得不再完整。借助房地产市场这个媒体,随着房地产产权的流转,不仅有助于房地产市场的建立与完善,也有利于实现房地产最有效利用和资源最优配置。

5. 难以变现性

所谓变现性,是指在需要的时候,商品可以迅速兑换成现金的能力。与其他商品相比,房地产商品变现性差的特性较为突出,主要原因有四个:①房地产价值高,房地产投资动辄几十万元、几百万元甚至上千万元,故很难在短期内找到合适的购买者,交易双方在决策上都持十分慎重的态度;②由于其异质性和位置固定性,使每宗房地产发生交易的次数较少,一宗买卖需要花费相当长的时间来了解市场,寻找合适的买者来进行讨价还价;③有一定比例的房地产在开发时,既定目的就是用于自身生产或经营,则该房地产投资只能通过折旧的方法逐渐收回;④房地产不能像债券、股票、黄金那样可以分割交易,随时变现。

6. 互相影响性

互相影响性也就是经济学上所讲的外部性。房地产具有明显的相互影响性,也就是它对周围土地使用的相互作用,其外部性问题非常广泛和突出。房地产的价格往往受相邻房地产状况的影响,如在一栋住宅楼旁新建一座工厂可导致该住宅楼价格下降,但如果在其旁边建一个公园,则可以使其价格上升。

三、房地产分类

(一)按用途划分

根据用途的不同,可以将房地产分为居住和非居住两大类。

1. 居住类房地产

根据产权的不同,居住类房地产可以进一步细分为商品房和保障性住房。商品房是指由具有经营资格的房地产开发公司取得土地使用权后,进行开发建设,并以市场价出售的住宅。商品房属于商品,具有商品的一般属性,拥有明确的产权,可以在市场上自由买卖流通。根据建筑类型、装修档次等的不同，商品房可以进一步分为普通商品房，高档公寓，跃层住宅，联排、独栋别墅等类型。商品房的土地使用年限一般为70年。

保障性住房是与商品房相对应的一个概念。商品房是由房地产开发企业开发，面向收入较高群体的住宅；而保障性住房是政府直接建设或制定激励政策，鼓励开发商开发面向中低收入群体的住宅。政府对保障性住房的建设标准、销售价格或租金等方面有所限制。当前，我国保障性住房的具体形式包括限价商品房、经济适用房、公共租赁房和廉租房，部分地区将定向安置房也包括在保障性住房的范围之内。

2. 非居住类房地产

根据用途不同，非居住类房地产可以进一步细分为生产用房、商业用房、办公用房、大型综合体等。

生产用房是指供生产活动用的房屋，如工业、交通运输业、建筑业等生产活动中使用的厂房、车间、仓库、办公室、实验室及生活服务用房等。生产用房的土地使用年限一般为50年。

商业用房是指各类商场、商店、餐饮、酒店等从事商业和为居民生活服务所用的房屋。商业用房的土地使用年限为40年。

办公用房是指各企事业单位及机关、团体、学校、医院等办公所用房屋。其中，档次较高、设备较齐全的称为高标准写字楼，条件一般的称为普通办公用房。

大型综合体也称为"城中之城"，基本具备现代城市的全部功能。它将城市中的商业、办公、居住、旅店、展览、餐饮、会议、文娱等业态进行组合，并在各部分间建立相互依存、相互帮助的能动关系，从而形成一个多功能、高效率的综合体。大型综合体的土地使用年限一般为40年。

（二）按开发程度划分

房地产按照项目开发程度的不同，可以划分为生地、毛地、熟地、在建工程、现房（含土地）。

生地是指不具有基础设施的土地。

毛地是指具有一定城市基础设施，但地上有待拆迁安置房屋的土地。

熟地是指具有完善的城市基础设施、土地平整、能直接在上面进行房屋建设的土地。

在建工程指地上建筑物尚未建成、不具备使用条件的房地产。

现房（含土地）是指地上建筑物已经建成、可直接使用的房地产。

（三）按收益划分

房地产项目在实际使用过程中，可以给使用人带来直接收益或间接收益。房地产按项目本质是否产生收益来划分，可分为收益性房地产和非收益性房地产。

1. 收益性房地产

所谓收益性房地产是指能够直接产生经济收益的房地产，主要有用于出租的住宅或公寓、写字楼、旅馆、商店、餐馆、游乐场、影剧院、停车场、加油站、标准厂房（用于出租的）、仓库（用于出租的）、农地等。

2. 非收益性房地产

非收益性房地产是指不能直接产生经济收益的房地产，主要有私人邸宅、未开发的土地、行政办公楼、教堂、寺庙等。

需要注意的是，收益性房地产、非收益性房地产的划分，不是看房地产目前是否正在直接产生经济效益，而是看这种类型的房地产在本质上是否具有直接产生经济收益的能力。

（四）按建筑结构划分

建筑结构一般是指建筑物中由承重构件（基础、墙、柱、梁、屋架、支撑、屋面板等）组成的体系。其分类可以通过建筑材料，结构形式及建筑层数、高度来进行划分。

按建筑材料可以将房地产项目划分为钢结构、钢筋混凝土结构、砌体结构、木结构、塑料结构、薄膜充气结构等。

按结构形式可以将房地产项目划分为墙体结构、框架结构、深梁结构、筒体结构、拱结构、网架结构、空间薄膜（折板）结构、钢索结构、舱体结构等。

按建筑层数、高度可以将房地产项目划分为低层建筑（10米以下或者3层以下）、多层建筑（10米以上、20米以下，或者3层以上、6层以下）、高层建筑（20米以上、100米以下）、超高层建筑（100米以上）。

（五）按经营使用方式分类

房地产项目按照经营使用方式划分，主要有销售的房地产、出租的房地产、营业的房地产、自用的房地产。

销售的房地产是指以获得销售收入为主要目的的房地产项目，如一般的商品房、商铺等。

出租的房地产是指以获得稳定的长期租金为主要目的的房地产项目，如一些专供出租用的公寓等。

营业的房地产是指通过营业获得收入来实现收益的房地产项目,如商场等。

自用的房地产是指开发建设的目的不是为了获得直接经济收益,而是为了满足自身的工作、办公、居住需要的房地产,如企业自建的办公楼等。

第二节 房地产业在国民经济中的地位与作用

一、房地产业概述

（一）房地产业的概念

现代社会中,房地产业已作为一个独立的产业部门而存在,它不仅包括生产环节,也包括流通和服务环节,是由房地产开发、经营、消费、管理和服务等经济活动所组成的,是一个相互依存、相互联系、相互提供服务的有机整体。

房地产业的主要经济活动贯穿于房地产生产、流通、分配、消费等环节之中。具体来说,在生产过程中,主要是房地产投资开发,包括土地开发和再开发、房屋开发和供应等。在流通过程中,主要是房地产市场交易,包括地产和房产的买卖、租赁、抵押、典当等经营活动。在分配过程中,主要是通过房地产市场交换,使其产品进入消费领域的中间环节,它不是指房地产实物分配,而是国民收入分配和再分配实现的重要途径。例如,工业厂房、仓库等通过交换进入生产经营单位,实现房地产生产要素的分配；住宅通过市场购买进入家庭使用,实现工资分配中属于个人的住房消费资料分配等。在消费过程中,主要是房屋使用过程中的物业管理,包括房屋的养护、维修、绿化等服务性管理。

此外,由于房地产生产经营活动的特殊性,必然广泛存在与此紧密相关的各类中介服务,包括房地产咨询、房地产经纪、房地产评估等。随着房地产业的发展,房地产中介服务业也迅速发展起来,业已成为房地产业的重要组成部分。同时,也由于房地产是价值量巨大的产品,其开发经营活动更需金融业的支持,如开发贷款、购房抵押贷款和住房公积金制度等,所以房地产金融业已成为房地产业的有机组成部分。

由上述分析可见,广义的房地产业应包括土地开发经营业、房产开发经营业、房地产中介服务业、房地产金融业和物业管理服务行业。

（二）房地产业的内容

整个房地产业经济活动的内容，体现在房地产开发建设过程、经营管理过程和后续服务过程之中。这三个过程，其实就是房地产的生产—流通—消费三个环节。

1. 生产

房地产的生产环节，是通过对自然状态的土地投入人类劳动，进行房屋和城市基础设施建设，获得房地产这种劳动产品的过程。进入生产环节的前提条件是获得可供开发的土地。按照中国现行法规和土地管理体制，总体上来看，农村土地属于村民集体所有，城镇土地属于国家所有。①国家（具体到一个城市则由城市政府作为代表）可以依法征收集体所有的土地，将其变为国家所有，或者依法收回已投入使用的城市土地使用权，然后将土地使用权以有期限、有偿使用的方式，出让给土地开发经营单位或建设用地单位。这种出让可以采用招标、拍卖、挂牌等方式进行。招标出让是指市、县人民政府土地行政主管部门（简称出让人）发布招标公告，邀请特定或者不特定的公民、法人和其他组织参加国有土地使用权投标，根据投标结果确定土地使用者的行为。拍卖出让是指出让人发布拍卖公告，由竞买人在指定时间、地点进行公开竞价，根据出价结果确定土地使用者的行为。挂牌出让是指出让人发布挂牌公告，按公告规定的期限将拟出让宗地的交易条件在指定的土地交易场所挂牌公布，接受竞买人的报价申请并更新挂牌价格，根据挂牌期限截止时的出价结果确定土地使用者的行为。不管采取哪种方式，获取土地并组织进行房地产的开发和再开发活动，是房地产开发公司的主要生产活动。

2. 流通

房地产的流通环节，是指经开发而成的产品及未经开发的"生地"进入市场，通过经营活动，实现其价值的过程。从实现形式上看，该环节主要涉及房地产买卖、租赁和抵押三种流通方式。

（1）房地产买卖

房地产买卖是指房屋所有权的买卖和土地使用权的买卖。由于房地产是不动产，它的流通方式并不是像其他商品那样，借助从生产者所在地点到消费者所在地点的运输活动来实现。对房地产来说，生产地点与消费地点是相同的，它只能通过权利的变更来转移所有权或使用权。因此，在交易活动中，房地产始终贯穿着权属管理，其交易程序也比一般商品复杂。

（2）房地产租赁

房地产租赁是房地产交易的另一种形式，是房地产的分期出售。房地产产权人（所有权人或使用权人）作为出租人将房地产交给承租人使用，通过租金的形式逐步收回成本，并获得利润，并在租期结束时将房地产收回。在房地产租赁中，土地的租赁大多是由房屋的租赁关系引起的。按照房屋所有权的性质，房地产租赁可分为公有房地产租赁和私有房地产租赁。

（3）房地产抵押

房地产抵押是指单位或个人将一定量的房地产作为按期偿还借款的保证物，向银行或其他金融机构作抵押，申请借款，银行或其他金融机构按规定给予贷款。借贷到期，借款者还本付息。若到期无力偿还借款，银行或其他金融机构有权处理抵押的房地产，所得资金首先用于归还借款。对房地产开发公司来说，抵押贷款业务可用于解决资金不足的困难；对购房者来说，抵押贷款业务可以帮助他们提前取得房屋的所有权，但是在到期无力归还贷款时，房屋将由银行等金融机构处理，处理所得的资金必须首先归还借款。不过，金融机构一般都给予购房者在一定时间内居住的权利。

另外值得一提的是，目前房地产市场中的流通活动主要有两类：一类是由房地产开发经营单位作为至少一方而从事的交易活动，或者是房地产开发公司将他们的开发产品投入到市场中进行出租、出售，或者是房地产经营企业受权经营政府所有的房地产，或者是房地产经营企业接受产权（房屋所有权和土地使用权）单位的委托，代理经营这些单位的房地产；另一类是非房地产开发经营性质的房地产产权（房屋所有权和土地使用权）所有者之间的交易活动。这类产权所有者既包括机关、团体、事业和企业单位，也包括居民个人。一方面，随着企业承包、租赁、拍卖、抵押、兼并等资产流通形式的出现，产权所有人的房地产交易活动将日趋频繁；另一方面，随着住宅商品化进程的加快，居民或产权单位的房地产交易活动大量增加。

3. 消费

房地产作为商品，经过流通环节的市场交易活动后就转移给使用者，从而进入了消费环节。由于房屋产品的使用寿命往往很长，几十年或上百年很正常，因此百年老屋可以说是司空见惯。土地在一般情况下更可以永续利用。除了具有耐久性外，房地产还具有固定性和增值性。在长期的消费中，对价值和数量巨大的房地产，要完善好社会化管理。为了维护产权人的合法权益，要进行严格的产权产籍管理。为延长房屋的使用寿命，保证使用和居住安全，必须经常对房屋进行修缮管理。为了满足消费者不断增加的消费要求，还需要提供各类服务。这些不可或缺的管理和服务，一直要到房屋的寿命终了，或因其他原因被拆除，进行重建，进入一轮新的房地产再生产过程为止。随着房屋商品化的推进及房地产市场的发展，房屋的售后管理和维修服务工作显得十分迫切和重要。

（三）房地产业的属性

房地产业作为国民经济的独立行业部门，同其他行业相比，具有其独特的行业属性，主要表现在以下几个方面。

1. 基础性和先导性

从房地产业在国民经济中的地位和作用来看，房地产业是一个基础性、先导性产业。

房地产商品是社会必需的生产资料和生活资料，涉及社会生产和再生产，以及教育、科学、文化、卫生等各行各业，是各种社会经济活动运行的基础、物质载体和空间条件，因而以房地产为经营对象的房地产业也就必然处于基础性产业的地位。

同时，房地产业是产业链长、关联度大的产业，能够直接或间接地引导和影响相关产业的发展。它不仅对建筑业起带动作用，还对建材、冶金、化工、森林、机械、仪表等产业起带动作用。房地产业的兴旺，扩大了对这些产业的社会需求，直接或间接地促进了这些产业的发展。

2. 综合性和关联性

从房地产业与其他产业的关系来看，它是一个具有高度综合性和关联性的行业，能够呈现出支柱产业的特征。

房地产业的综合性主要体现在它是横跨生产、流通和消费各个领域的产业部门。它以流通领域和服务领域为主，服务于生产和消费，但又参与房地产开发建设的决策、组织和管理，兼有部分生产职能。房地产商品的租售活动则直接属于流通领域。

房地产业的关联性体现在它是与众多产业部门密切相关的产业部门。房地产业的产业链特别长、产业关联度特别大，联系着国民经济的方方面面。

3. 资金密集性和高风险性

从房地产业的投资过程来看，它是一个高投资和高风险并存的行业。

房地产业是一个资金密集型行业，由于房地产的价值量大，建设周期长，资金占用多，它的经济活动是一个大量资金运作的过程。一个房地产建设项目，投入的资金少则数千万元，多则数亿、十几亿元，并且需要一个较长的周期才能收回，与其他一般行业相比，房地产业是一个高投资行业。

由于房地产投资周期长及其固定性、变现能力差等特点，因此其涉及的风险也相对较大。不但具有自然风险，而且还具有市场风险、利率风险、经营风险、财务风险甚至政策法律风险等，这些在投资过程中都可能会遇到，这些风险的存在都将对房地产投资目标的实现产生巨大影响。

因此，房地产投资决策显得尤为重要。如果投资决策准确，可以带来较大的收益，获得丰厚的回报；反之，一旦房地产投资决策失误，大量楼盘空置，资金积压，不仅会给开发商带来巨大损失，还会因拖欠银行贷款造成不良资产，引发金融危机。所以，房地产投资更应加强风险管理。

4. 级差收益性和区域性

从经济活动的范围来看，房地产业又是一个区域差异巨大、级差收益明显、地区性特别强的行业。

由于房地产的空间固定性，房地产业的发展比起其他行业更多地受制于区域经济的发展水平。一般来说，地区经济的发展水平高、发展速度快，房地产业相应发展也比较快；反之，房地产业发展就较慢。中国现阶段地区经济发展严重不平衡，因此反映在房地产业方面，东部沿海地区房地产业发展较快，西部地区房地产业相对发展较慢。近年来，随着西部大开发，西部地区的房地产业也加快了发展步伐。

即使在同一地区，由于微观区位的不同，房地产价值也会出现巨大的差异。例如，市中心地区与城市郊区的土地区位不同，房地产价格差异甚大，级差收益也相差巨大。

5. 权利主导性和制约性

从社会经济政治关系来看，房地产是一种权利主导型的商品，房地产业是受政府政策影响较大，并与法律制度紧密相关的行业。

制约性主要体现在以下几方面：首先，制约性是权利关系的复杂性所引起的，在房地产经营中，无论是土地的出让、转让，还是房产的买卖、租赁、抵押、继承等，都不像一般商品那样进行简单的物质交换就可完成，而是一种当事人之间复杂的权利关系的变化，所以，其交易活动必须主要依靠契约、法律法规制约和规范。

其次，制约性是房地产业的外部性特点。由于房地产的不可移动性、使用周期的长期性和价格的巨额性，与城市开发经营、功能布局、生态环境等关系特别密切，因此房地产开发必须严格按照城市规划、土地使用规划及城市经济社会发展的方针政策来进行,所以房地产业的发展必然受到相当多的制约。

二、房地产业的地位

(一)是国民经济的基础性产业

社会生产和其他经济活动,以及科学、教育、文化、卫生、体育等活动都离不开房地产业,房地产业是这些经济和社会活动的基础、载体和空间条件。土地不仅是农业、畜牧业、林业、渔业生产的直接作用场所,也是这些经济活动最重要的生产资料和对象,在其他产业中也是不可或缺的生产要素和物质前提。一切经济活动和社会活动都离不开建筑物或构筑物,而建筑物和构筑物总是建立在某一地理方位的土地之上。除了必须使用建筑物或构筑物及其地基外,还必须使用与这些活动相适应的场地和交通用地。没有土地,没有建筑物和构筑物,没有一定的空间作为条件,农业生产无法实施,工业活动无法开展,第三产业及科学、教育、文化、卫生、体育等活动也无法进行。建筑物作为房地产中最大的一部分,又是社会生产和其他经济活动及科学、教育、文化、卫生、体育等活动的主体,也是劳动力再生产的必要条件。

随着国民经济的发展和科学技术的进步,人力资本成为国民经济中最重要的投入要素,以至于当今不同经济区域、不同企业的竞争基本上演化成了人才、劳动力素质的竞争。房屋作为人类社会最基本的生活资料,是劳动力生产和再生产的最基本条件之一,因为吃、穿、用等消费活动都离不开房屋,劳动力再生产所需要的文化、教育、福利等用房也要靠房地产业来提供。由此可见,房地产既是社会生产的基本条件,又是社会生活的基本条件,还是城镇国民经济生产和社会生活的物质基础。

从形象上来看,城镇就是由无数房产和地产所构成的。在市场经济条件下,城镇要建设,城镇经济要发展,房地产业必须首先发展起来。开工厂先要有厂房和仓库才行,开商场如果没有营业厅和货栈无疑是在建空中楼阁,开发区或高新技术产业园区建设先要开发土地,做好"三通一平"或"七通一平",然后再建造工商业用房、办公大楼和宾馆、饭店、文化娱乐场所等。

(二)是国民经济的先导性产业

房地产业是国民经济的先导性产业,可以从两个方面来说明。

①在国民经济的运行周期中,各行各业的简单再生产和扩大再生产都是以房地产业的发展为前提条件的,因此,相对于经济运行周期各阶段,房地产业常常有先行半步的示范作用。

②房地产业是产业链长、关联度高的产业,是提供最终产品的部门,它既有一定的前后衔接性,又有侧向关联性,从而形成以其为中心的产业圈体系。因而,房地产业的健康发展能够直接或间接地引导和影响相关产业的发展。

房地产业对相关产业的带动作用可以归纳为由房地产投资对其他产业产生的投资效应系数和房地产使用产生的引致性消费系数。联合国在总结发展中国家的发展历程后认为,以上两种效应的总和乘数效应为"2"。一些工业发达国家统计显示,房地产业的产值每增加"1",就能使相关产业的产值增加"1.5~2.0"。据统计,在我国每增加1亿元的房地产业投资,其他23个相关产业就相应增加1.479亿元,被带动的直接相关和间接相关的产业达60多个。同时,房地产业消费的提高还能带动建材、化工、家电、装饰及家具等生产资料和生活资料消费的相应增长,其比率大约是1:6。在国民经济的诸多产业部门中,同房地产业有密切关系的国民经济部门基本可分为如下几类。

第一类是房地产业的依托性或基础性部门,其中,主要包括建筑业和土地管理部门。建筑业是以建筑产品(主要是房产)生产活动为主的产业部门,而房地产业是以房地产(其中房产占绝大部分)的流通活动为主的部门,房地产业的发展直接为建筑业开拓市场、筹集资金,促进其资金的周转。房地产业的发展、大量的土地开发和房屋建设扩大了对建筑业的需求,为建筑业提供了更为广阔的市场和发展机会。建筑业为房地产业提供了大量劳务和技术服务,建筑业的发展要以房地产业的发展为前提条件。房地产业与建筑业之间共命运、同发展,息息相关。

第二类是房地产业的辅助性和带动性部门,其中,包括建材工业、建筑设备工业、运输服务等。据粗略统计,房地产开发建设过程中所需要的物资共计23个大类、1500多个品种,涉及建材、冶金、机械设备、化工等50多个生产部门或行业的产品。我国房屋建筑成本中约70%是材料的消耗,每年耗用钢材总产量的25%、木材总产量的40%、水泥总产量的70%、玻璃总产量的70%、预制品总产量的25%、运输量总量的8%。房地产业的快速发展,如开发面积和开发项目的增加、建筑标准的不断提高,为冶金、化工、电子等产业发展带来了生机,扩大了对这些产业的社会需求,直接或间接地促进了这些产业的发展。

第三类是房地产业的制约性部门,其中,主要包括金融业、商业和旅游业等。这些部门同房地产业的发展是相互促进、相互制约的。一方面,这些部门的发展会为房地产业的发展提供重要的条件;另一方面,房地产业的发展也能够带动它们的发展。因此,房地产业不能脱离其他产业孤立发展。例如,房地产业的投资额度大、资金周转期长,其发展仅靠开发商自有资金是难以实现的,必须依靠金融业的大力支持;与此同时,房地产业的预期投资收益率高、居民住房抵押贷款风险小等特点,也是吸引金融业投资的重要原因。因此,房地产业的景气程度及繁荣程度在一定程度上决定着金融业的兴旺程度。

(三)是国民经济的支柱性产业

1997年夏天,《住宅建设成为国民经济新增长点的研究》课题组在北戴河召开的一个小型研讨会,这是房地产业被列为国家支柱产业的开端。2003年8月,国务院下发《国务院关于进一步深化城镇住房制度改革加快住房建设的通知》(国发〔1998〕23号),明确指出:"房地产业关联度高,带动力强,已经成为国民经济的支柱产业。"至此,房地产业作为拉动中国经济发展的支柱产业的地位逐步得到确立。

自2000年以来,我国房地产投资额年增长率都在20%以上,2005年国务院出台"国八条"楼市调控措施,房地产市场有所降温,但全年房地产开发投资仍高达15 759亿元,同比增长19.8%,占全社会固定资产投资的18%。根据国际经验数据,一个产业的增加值占国内生产总值(GDP)的比重为5%~8%时就成长为支柱产业。国家统计局2008年公布的数据显示,2007年房地产业增加值占我国GDP的比重已经超过5%。2018年,我国固定资产投资为635 636亿元,其中房地产业为120 264亿元,约占19%,房地产业在国民经济发展中发挥了重要作用。

随着大量流动性资金不断涌入房地产业,房地产业投资出现持续快速上涨的局面。基于对经济泡沫的担忧,房地产业的支柱地位开始受到质疑。但我国是一个人口众多的发展中国家,正处于工业化、城镇化的加速发展时期,刚性需求、改善性需求潜力都非常庞大,因此我国房地产业的发展空间还非常广阔。房地产业与其他相关行业的关联度比一般行业更强,房地产业的健康发展是经济持续增长的助推器。因此,就算未来房地产业的发展模式会发生改变,但其依然会是我国国民经济的重要组成部分。

三、房地产业的作用

(一)提高居民的生活质量和消费水平

住房是维持居民生活所必需的基本物质要素,是社会再生产正常进行的必要条件。社会再生产,既包括物质资料和精神文明的再生产,也包括劳动者自身的再生产。人们如果没有必要的住所，很难维持自身的正常生活，自然也就谈不上生产物质资料、创造精神文明及衍生后代了。住房是社会再生产的重要基础，是居民安居乐业的条件，而且只有"安居"才能"乐业"。

在计划经济时代和有计划的商品经济时代的时间里，中国政府一直把住房作为一种福利品对待，采取低房租的福利制度，结果导致了消费结构的畸形发展。一般居民住房消费占全部消费的比重，从新中国成立前的4%~10%、新中国成立初期的3%~5%，逐步降到只占家庭收入的1.5%~3%；而发达国家，如美、法、意、澳等，住房支出占家庭收入的25%~30%（包括租金、水电、煤气、清洁和管理费用）。发展房地产业，改革土地使用制度和住房制度，把住房消费基金纳入职工工资，同时逐步把房租调高到商品房租金水平，向居民出售现有公房，终止福利分房，就成为当时改革的阶段目标和主要历程。

不同时期的住宅状况是反映当时人民生活水平和社会经济发展状态的一个重要标志。

从我国的发展历史来看，尽管住房的建设和发展在不同阶段是不平衡的，但在发展历史约一半的时间里，它和各个时期国民经济的发展状况是基本相适应的。中华人民共和国成立后的7年间（1949—1956年），国民经济发展较快，从1953—1956年，全国工农业生产总值平均递增19.6%，人民生活水平不断改善，住房建设稳步发展，也未发生过住房紧张状况。1958年以后，因为"左"的指导思想的影响，片面追求生产增长速度，过分注重发展工业尤其是重工业，一味追求产量而不管经济效益，要"先生产后生活"，该背景下不但国民经济没有发展起来，人民生活水平也受到了极大的影响，住房建设基本上处于停滞状态，导致中华人民共和国成立30年后的人均居住水平甚至低于中华人民共和国成立初期水平，从而造成了住房空前紧张的局面。中共十一届三中全会以后，中共中央确定并开始实施改革开放的基本方针，国民经济开始走上正轨并迅速发展，住房建设也得到了长足的进展，人民的居住水平才进入了逐步提高的阶段。

（二）促进国民经济发展

城市建筑物、构筑物的建造和使用是城市经济发展的结果，反过来这些建筑物、构筑物的建造和使用又会对城市经济发展起到促进作用。改革开放以后，我们由过去的计划经济体制逐渐走上了有计划的商品经济体制和市场经济体制，房地产业对整个国民经济发展的促进作用表现得逐渐明显。

首先，房地产业对社会生产具有明显的促进作用，对此可以通过对住房生产和消费的考察来理解这一判断。按照马克思主义的观点，人们的住房消费水平是由社会生产决定的,但住房消费对社会生产又具有一定的反作用。由于住房是人们保持正常生活的必要场所,因此居住状况对劳动者会产生直接影响:舒适的居住环境会使劳动者顺利恢复消耗的体力和脑力,使他们心情愉快、精神饱满地投入工作之中;如果住房短缺,居住条件很差,往往会直接影响劳动者的休息,破坏劳动者的情绪,从而影响他们的工作积极性。另外,随着住房商品化和住房制度改革的深化,住房消费在人们消费中的地位越来越重要,住房的生产和消费不仅影响到消费资料的生产,还直接或间接地影响生产资料的生产,进而影响到整个国民经济的发展水平和产业结构的调整状况。例如,建材工业是为建筑工程提供生产资料的,房地产业和建筑业是建材工业的主要市场。市场对生产的反馈作用,在这里表现为建材工业根据市场需求的变化而不断变更着自己的生产规模、品种,并不断提高产品质量。不仅如此,由于房地产业具有较强的产业关联作用,因此它还能直接或间接的影响许多行业和部门的发展。

其次,房地产业对社会分配结构的调整具有影响作用。合理的社会分配结构对维护社会稳定,促进国民经济良性发展是有积极意义的。工资作为对劳动者分配个人消费品的货币形式,其结构中也包括住房这一生活资料的价值。在国外,住房费用一般占家庭收入的25%～30%。中国过去由于长期把住房当作社会福利品进行分配,只是象征性地收一点租金,因此,其工资中基本上未包括住房这一重要生活资料价值。北京市于1985年末曾做过一次抽样调查,平均每户居民月房租支出只占家庭月平均收入的1.25%。这种情况揭示了当时中国工资构成及收入分配中的严重不合理现象。鉴于此,住房制度改革必须与工资改革联系起来,住房分配的货币化正是体现了这一目的。

最后,房地产业对商品交换关系的发展具有明显的推动作用。住房作为价值大、使用周期长的一种商品,与其他许多有形商品一样,可以通过两种方式实现其价值和使用价值:其一是通过买卖,实现所有权、价值和使用价值的全部转移,即住房的出售;其二是采取租赁的形式,即在住房所有权不变的前提下,将"使用价值零星出卖",逐步实现其价值。住房租赁曾是中国城镇住房交换中的主导方式,但由于当时住房租金太低,价格不能反映供求关系,实物分配制度排斥了商品交换,生产者与消费者之间应有的市场关系被剪断。实行住房商品化,发展房地产业,就是要适应市场取向进行经济体制改革,即改变这种不合理的分配关系。由于住房价值量和需求量巨大,在流通中又是买卖、租赁两种交换方式并存,因此,随着房地产业的发展和住房制度改革的深入,商品交换关系被极大地推动了,不论是商品流通量,还是货币流通量，都随着住房进入市场的程度和规模而发生了重大变化。显然，这对国民经济的发展有巨大推动作用。

（三）提高城市聚集效益

恩格斯曾经论述过城市的作用，他认为城市的产生是非常有意义的，它使人口大规模的集中。而一个城市的形成，尤其是城市人口的集中，需要充足的客观条件，其中最重要的是居民生活和工商业等行业的用房要有保障。在市场经济条件下，这些用房的取得，并不都是由用房者自己建造的，很大一部分是通过市场购买取得的，这就需要国民经济中有一个行业来向全社会提供这类商品，房地产业就是在这样的背景下产生和发展起来的。

城市房地产业的发展，扩大了基础设施（包括生活设施）的规模，使基础设施建设进入了社会化生产阶段，这不但改变了过去没有规划或规划层次较低、规划执行难的状况，而且使单位建设成本大大降低。随着基础设施水平和住房建设水平的提高，居民生活条件得到进一步改善，城市可以吸引更多的人口，特别是具有技能的人才。城市基础设施的增加与改善，以及居住条件的提高为投资者提供了更好的投资场所，这样就可以聚集更多的技术、资金等生产要素，兴办更多的企业；就可以进一步促进社会分工，促进相互交流和学习；就可以推进行业、企业和经营者之间的竞争，促进信息的流动，扩大市场规模；就可以降低成本，提高城市聚集效益。

（四）调整社会关系

一个社会的存在和发展必须依赖一定的物质条件，而这些物质条件又会反过来影响社会的运行。房地产业的主要产品是以商品形式出现的住房，而住房的存在和发展始终与具体的社会形态，与社会中的人紧密联系着：住房始终带有所处的社会形态的社会性，它与人口、经济、法律、政治、伦理道德、社会心理等问题息息相关，并成为影响政治生活、调整人与人之间关系的重要因素。例如，在封建社会，儿子结婚后由于伦理道德方面的原因，一般并不与父母分居，整个大家庭的房产一般连在一起，大院和四合院是典型的房产存在形式。而在当今社会，子女结婚后一般并不愿意与父母生活在一起，以免产生过多的摩擦，父母也不把子女结婚后是否愿意与他们生活在一起当作判断子女是否孝敬的标准，这样房产便以几处分离的形式存在着。

此外，房地产业在调整、优化产业结构，加快第三产业发展等方面也有着积极的意义。总之，房地产业在国民经济和社会发展中具有重大作用。

第三节　房地产经济学学科性质和研究对象

一、房地产经济学概述

房地产经济学是一门应用性质的经济学，主要目的是研究如何对房地产资源进行更加高效的配置，以满足人们的生产、生活需要。

首先，大量的微观经济分析模型在房地产研究中得到应用，一些宏观经济分析的原理也在房地产理论研究中逐步推广，即房地产经济学是经济学原理在房地产这一特定领域的应用。

其次，由于房地产经济学的研究内容、对象和领域是被限定在与房地产有关的经济学领域中，因此，房地产经济学是有关房地产的部门经济学、产业经济学和行业经济学。

最后，房地产经济学是房地产科学体系的理论基础。它为房地产金融、房地产投资、房地产经营与管理、房地产估价、房地产法、房地产政策等提供了理论基础。

房地产经济学既不是一般经济学，也不是房地产实践的一个课题。房地产经济学是从一般经济学和房地产实践中提取的原理，用以研究房地产经济活动的变化。

由此可以看出，房地产经济学与经济学是特殊与一般的关系，房地产经济学是一门部门经济学，它在整个房地产专业学科体系中处于先导和基础的地位。房地产经济学的上述基本属性决定了房地产经济学的学科性质，可着重从以下三个方面来认识它。

①房地产经济学是整个经济学科的一个分支体系。房地产经济学是一门相对独立的经济学科，在学科的性质上，它属于部门经济学的范畴，与农业经济学、工业经济学、建筑经济学、商业经济学等部门经济学处于并列的位置。它是应用经济学原理研究房地产及房地产业的基本运行规律的学科。

②房地产经济学是整个房地产经济学科的理论基础。房地产经济学既是理论型经济学科，又是应用型经济学科。因此，可以说它是一门应用型的理论学科，也是一门综合性的涉及房地产业整个经济运动过程的基础理论学科。其他房地产经营与管理学科，如房地产市场营销、房地产价格评估、房地产投资分析、房地产经营管理、房地产金融、物业管理等，都要以房地产经济学作为理论基础。

③房地产经济学属于实证经济学的范畴。房地产经济学主要研究在房地产经济运行过程中出现的各种客观事实，并对之做出解释，进而揭示其客观

的运动规律及指出其未来的发展趋势。

目前房地产经济学主要有以下几个研究方向：一是遵循经济学的基本假设和分析方法，解释房地产经济运行现象；二是探讨房地产资源配置，解决现实问题；三是研究房地产业的政策与房地产经济活动，注重从产业经济学和部门经济学的视角分析问题。

二、学科性质

房地产经济学既是整个经济学科的一个分支，又是各类房地产经济学科的理论基础。房地产经济学所研究的是经济领域的内容，总体上从属于经济学科；同时由于房地产的特点及其经济运行的特殊规律性，其又形成相对独立的理论体系，是整个经济学科体系中一门相对独立的经济学科，与农业经济学、工业经济学、商业经济学、建筑经济学等部门经济学处于并列地位，属于部门经济学的范畴。

房地产经济学科又可分为许多子学科，诸如房地产经营管理、房地产价格评估、房地产营销、房地产金融、房地产法律法规、物业管理等，这些子学科都要以房地产经济学作为理论基础。房地产经济学既是理论性经济学科，又是应用性很强的经济学科，也是一门综合性的涉及房地产经济运行全过程的基础理论学科，其基本任务是运用经济学及其相关学科的有关理论和分析工具，对涉及房地产经济的各个主要方面进行理论分析和探讨，并由此阐述房地产经济的基本理论。房地产经济学是一门研究和阐述房地产基本经济理论的应用经济学，主要研究房地产经济运动过程中出现的各种客观事实，并对其加以解释，因此其属于实证经济学范畴。

房地产经济学是集经济与房地产为一体的新兴学科，在其建立和完善过程中离不开借鉴与吸收其他相关学科的知识，如政治经济学、微观经济学、宏观经济学、城市经济学、管理学等的理论"营养"。房地产经济学与社会主义市场经济理论的关系极为密切，可以说，中国的房地产业是社会主义市场经济的产物，房地产业的发展有赖于市场经济的完善和发展。此外，学习房地产经济学还必须了解和把握相关的地租理论、区位理论、城市建设理论、产权理论、市场供求理论、经济周期理论、宏观调控理论等。只有把上述相关理论融合起来，综合各方面的知识，并与相关研究有机地结合，才能形成真正科学的房地产经济理论体系。

任何一种经济理论都是随实践的发展而不断改进和完善的，房地产经济学尤其如此。在房地产经济的实践中，新的经验需要从理论上概括总结，新的矛盾和问题也需要经过探索予以认真解决，由此来推动房地产经济理论不断完善和发展。因此，房地产经济学一定要有与时俱进、不断开拓创新的精神，从这个意义上说创新也是房地产经济学发展的灵魂。

三、研究对象

房地产经济学是研究房地产资源合理利用与有效配置基本经济理论和房地产经济活动运行规律的经济学科，其在整个房地产专业学科体系中处于先导和基础的地位。房地产经济学的这一基本属性决定了其学科特点与性质，也决定了其特定的研究对象，其研究对象主要体现在以下两方面。

（一）以房地产经济运行规律及其表现形式为研究对象

房地产经济作为国民经济的有机组成部分，同样要遵循一般经济运行的客观规律，如价值规律、供求规律、竞争规律及社会主义经济规律等；同时，又由于房地产业的行业特点，其经济运行又具有一定的特殊性，房地产经济学重点要揭示房地产经济运行的特殊规律，如土地区位分布规律、城市地租规律、房地产价格规律、房地产市场供求规律和房地产经济波动规律等。经济规律是理论上的抽象概括，必然通过一定的经济现象表现出来，因此，在揭示房地产经济运行规律时，也要重视它的表现形式，理论研究的任务就在于透过现象看本质，探索经济现象之间的本质联系及其互相制约的关系，找到隐藏其中的客观规律，预测其发展趋势。

任何一种经济关系，本质上都是物质利益关系。在房地产经济活动中，涉及开发商、营销商、中介服务企业和消费单位、消费者个人等多方面的复杂的利益关系，而追求经济利益是各种市场主体从事经济活动的主要动因。所以，房地产经济学要研究房地产再生产过程中所体现的各种经济利益关系，并协调各方面的物质利益，进而促使房地产经济健康运行。

（二）以房地产资源配置效率为研究对象

提高资源配置效率是房地产经济运行的根本目的。土地和房屋都是有限的稀缺资源，特别是土地，既是自然资源，又是经济资源，更是稀缺资源，而在房地产开发建设中还要运用建筑材料、装饰材料、劳动力、技术、信息等多种资源。如何充分利用房地产资源，提高资源配置效率，满足经济发展和人们生活的需要，便成为房地产经济学研究的主题。在社会主义市场经济条件下，市场机制发挥着资源配置的基础性作用，因此，房地产经济学同样要研究健全和完善市场机制问题及宏观调控问题，并努力实现房地产资源配置的高效率。

归根到底，房地产经济运行的最终目的是提高资源配置效率，促进生产力发展,从而更好地满足人们的需要。因此,研究房地产经济运行规律与研究房地产资源配置效率的目的是一致的,所以两者共同构成房地产经济学的研究对象。

第四节 房地产经济学内容体系和研究方法

一、内容体系

（一）界定基本概念与学科体系

阐明房地产经济学的研究范畴,即"房地产"和"房地产业"的内涵,明确房地产经济学的研究对象、研究内容和研究方法,进一步论述清楚房地产业在国民经济中的地位和作用。

（二）阐明基本理论

房地产经济学的基本理论包括现代房地产产权理论、地租地价理论、区位理论、供求理论、外部性理论和房地产市场周期理论等。产权经济学认为,通过产权制度的安排,确立排他性的产权及对产权实施有效的保护,这样可以降低交易费用,并提高资源配置效率。房地产产权关系及产权制度的确立,也可以有效地节约交易费用。地租地价理论是非常古老和经典的经济学理论,也是房地产经济学的重要理论问题。经过长期的理论研究和实践检验,地租地价理论已不断得到丰富和发展,并成为研究和探讨房地产问题的重要依据。区位理论是研究生产力空间布局及其相互关系的学说,区位理论对研究房地产价格、城市经济结构、房地产经济区位变化是非常必要的。供求理论是西方经济学的基本理论和分析工具,其对分析市场经济中的供求关系和由此形成的商品价格及其波动具有重要意义。因此,在分析房地产市场供求关系和房地产商品价格的形成时,必须运用到供求理论。外部性理论是研究某一经济主体对另一经济主体施加的影响及如何来消除这种影响的理论,由于房地产的开发和利用具有外部性,因此,需要借鉴外部性理论来研究和解决房地产的外部性问题。因为基础资料的欠缺,中国房地产市场发育不成熟以及房地产市场周期理论在国内研究和应用的时间还不长等原因,所以,房地产市场周期理论是房地产经济学当中的一个有待进一步研究的重要领域。

（三）阐明房地产市场运作与房地产经济运行机制

房地产市场运作和房地产经济运行包括房地产开发经营过程中房地产投资决策、房地产开发、房地产经营、房地产物业管理服务、房地产市场、房地产价格、房地产价格评估、房地产金融和房地产保险等之间相互联系与相互制约的运行机制。房地产业是国民经济中的一个重要而特殊的产业,因此,房地产市场运作和房地产经济运行也具有特殊性,研究房地产业与国民经济运行的相互关系、房地产业与其他产业的关系及房地产业内部各环节的运行规律,是房地产经济学的重要研究内容。从房地产经济活动的运行过程来看,房地产的投资、开发、经营、使用、服务和管理等不同环节的跨度大、各环节的技术性强,且各环节还涉及投资者、开发商、金融借贷者、购买者、使用者、物业管理者、政府各管理部门等之间的关系,因此房地产经济学不仅要研究这些关系的特点和运行规律,也要研究不同环节的相互协调的规律,这是房地产经济学要研究的主要内容。

(四)阐明相关制度与政策

房地产业是一个敏感性行业,与国家的政治、经济和社会发展息息相关。开放环境中的房地产经济运行既受国际资本市场的影响,也受国内各类制度和政策的影响。因此,对房地产经济运行的研究应该包含上述内容,即土地制度、住房制度、房地产产权制度,以及相关的金融、税收、价格和市场等政策法规。

二、研究方法

研究方法是指人们在科学研究过程中不断总结、提炼出来的研究工具和手段,每一门学科都有其特定的研究方法,房地产经济学研究方法总体上表现为以下两个方面。

①定性分析与定量分析相结合。定性分析是指运用归纳和演绎、分析与综合、抽象与概括等方法,对研究对象"质"的方面进行分析,在对获得的各种材料进行思维加工的基础上,达到认识事物本质、揭示其内在规律的目的。而定量分析是指对研究对象的数量特征、数量关系与数量变化等进行分析,其功能在于揭示和描述事物间的相互关系和发展趋势。在房地产经济学的研究中,定性分析与定量分析相互补充,缺一不可。定性分析是定量分析的前提,没有定性的定量是盲目的、毫无价值的;而定量分析是定性分析的深化,以一定的统计数据为基础,通过建立模型,对研究对象"量"的方面进行研究。

②规范分析与实证分析相结合。在经济学中,规范分析力求回答"事物的本质应该是什么"的问题,对事物运行状态做出是非曲直的主观价值判断;而实证分析企图回答"是什么"或"不是什么"的问题,在分析经济问题和

建立经济理论时,撇开对社会经济活动的价值判断。因此,两种方法存在本质区别。但规范分析以实证分析为基础,实证分析则以规范分析为指导,两者相辅相成。著名经济学家陈岱孙就曾指出,规范分析与实证分析相结合是经济学的一贯原则。因此,房地产经济学作为一门部门经济学,在其研究过程中必须坚持规范分析与实证分析相结合的原则。

第二章 现代房地产经济学相关理论综述

房地产经济学研究的是房地产业经济领域的内容，总体上从属于经济学，但房地产业具有自身的特点及其独特的经济运行规律，因此，房地产经济学的理论体系相对独立。本章以房地产经济运行为主线，沿着房地产、房地产业、房地产制度等构造逻辑结构，分析了房地产的地租理论、区位理论、市场理论、土地价格理论及阐述了制度经济学理论。

第一节 地租理论

一、地租理论的演变

（一）古典经济学的地租理论

古典经济学地租理论的早期代表人物是威廉·配第（W. Petty，1623—1687）和杜尔哥（A. R. J. Turgot，1727—1781）。威廉配第是资产阶级古典政治经济学的奠基人。他在劳动价值论和工资理论的基础上，首次提出了地租理论。威廉·配第认为，商品的价值是由商品中包含的劳动时间决定的；工人的工资等于工人最低限度的生活资料的价值。他在其著作《赋税论》中首次提出，地租是土地上生产的农作物所得的剩余收入，即一个人从他的收获中，扣除了种子、自己的食用、为换取衣服及其他必需品而给予别人的部分之后，剩下的谷物就是这块土地真正的地租法国重农学派的代表人物杜尔哥初步揭示了地租与土地所有权的关系。1766年，杜尔哥在《关于财富的形成和分配的考察》一书中提出，劳动者生产的产品在扣除自己进行劳动力再生产所必需的数量之后的剩余，是一种自然恩赐的"纯产品"。这种"纯产品"，即被土地所有者所占有的地租古典经济学地租理论的后期代表人物是亚当·斯密、李嘉图等。亚当·斯密是最早系统研究地租问题的学者。他在《国民财富的性质和原因的研究》中把资本主义社会的居民分为资本家阶级、工人阶级和地主阶级，并对应三种基本的收入：利润、工资和地租，正如利息是资本的收入、工资是劳动的收入一样,地租是土地所有者的收入,从本质上看,土地是地主的资本,地租是土地资本所带来的利息,李嘉图是资产阶级古典政治经济学的理论完成者,他在1817年出版了《政治经济学与赋税原理》一书,其对地租理论进行了集中阐述,李嘉图提出了级差地租概念,他认为,地租产生有两个条件:一是土地的有限性;二是土地肥沃程度和位置的差异性。二者产生的各地块土地收入的差额就是地租,也就是级差地租,但是他否认了绝对地租的存在。

(二)马克思主义的地租理论

马克思主义地租理论批判性地接受了古典经济学的劳动价值论,并首次提出了绝对地租的概念,还以之分析资本主义农业生产剩余价值的产生及分配,他认为,地租是土地使用者由于使用土地而缴给土地所有者的超过平均利润的那部分剩余价值,土地所有权和土地使用权的相互分离才使得地租存在。

马克思主义地租理论主要研究了资本主义农业地租,对城市地租也有所涉及,其主要包括资本主义地租的实质、级差地租、绝对地租、垄断地租、建筑地段地租和矿山地租等内容。资本主义地租是租地农场主为取得土地使用权而支付给土地所有者的超过平均利润的那部分剩余价值。土地所有权垄断是资本主义生产方式的历史前提。实际的耕作者是雇佣工人,他们受雇于租地农场主。作为租地农场主的资本家,为了得到使用自己资本的生产经营场所(土地),要在一定期限内按契约规定,支付给他所使用的土地所有者一定的货币额。不管这一货币额是为耕地、建筑地段,还是为矿山、渔场、森林等支付,通称为地租。租地农场主要支付地租,但并不会因此而减少他的平均利润,也就是说,租地农场主取得平均利润,而土地所有者取得超额利润——地租。在这里,土地所有权是地租的前提,地租是土地所有权得以实现的经济形式。

1. 级差地租

形成级差地租的条件有三个:①土地肥沃程度的差别;②土地位置的差别;③在同一地块上连续投资产生的劳动生产率的差别。马克思按级差地租形成的条件不同,将级差地租分为两种形式:级差地租Ⅰ是指农业工人因利用肥沃程度和位置较好的土地所创造的超额利润而转化为地租(即由前两个条件产生);级差地租Ⅱ是指对同一地块上的连续追加投资,由每次投资的更高的生产率而产生的超额利润转化为地租。

2. 垄断地租

马克思认为，在资本主义制度下，除了级差地租和绝对地租两种基本地租形式之外，还存在着垄断地租。垄断地租是由产品的垄断价格带来的超额利润转化成的地租。某些土地具有特殊的自然条件，能够生产某些特别名贵又非常稀缺的产品。例如，具有特殊风味的名酒就用某些特别地块出产的原料（包括水）酿制而成的。这些产品就可以按照生产价格，或超过其价值的垄断价格出售。这时的垄断价格只由购买者的购买欲望和支付能力决定，而与一般生产价格或产品价值所决定的价格无关。这种垄断价格产生的超额利润，由于土地所有者拥有对这种具有特殊性质的土地的所有权，因而该利润转化为垄断地租，落入土地所有者手中。

3. 绝对地租

马克思指出，最坏的土地和生产率最低的那笔投资也要提供地租，那就是绝对地租。在资本主义生产方式下，耕种任何土地都必须缴纳地租，这与土地的等级无关，只是由于土地所有权的垄断而必须缴纳的地租，这就形成了绝对地租。土地所有权的垄断是形成绝对地租的原因。绝对地租产生的条件是由于农业资本有机构成低于工业，农产品的价值大于它的生产价格，这个余额由于土地数量有限和被私人占有而不会被平均掉，从而最终转化为绝对地租。随着社会生产力的发展，农业科学技术的进步，投入农业的资本有机构成会逐步提高，马克思预测，绝对地租将会随着农业资本有机构成的相对提高而缩小。

4. 建筑地段地租

建筑地段地租和一切非农业用地的地租一样，是由真正的农业地租调节的。位置对级差地租具有决定性的作用。人口的增加及随之而来的住宅需求的增大，会使人们对建筑地段的需求增加，从而提高了建筑地段地租，土地作为空间和地基的价值也将相应地被提高。在土地上的固定资本投入（建筑物、铁路、船坞等）也必然会提高建筑地段地租。

二、新古典经济学的地租理论

新古典经济学地租理论的代表人物是约翰·克拉克（J. B. Clark）、阿尔弗雷德·马歇尔（A. Marshall）等。美国哥伦比亚大学的经济学家克拉克于1900年左右提出了一个简化的分配理论，即西方经济学中著名的边际生产力分配理论。根据这个理论，土地的租金由最后一个投入的土地单位的边际产出决定，在数额上等于边际收益产品。从土地的总供给来看，它是完全缺乏弹性的，为一条极端的垂直线，但对某一行业的土地供给来说，又并非完全缺乏弹性，而是条上扬的曲线。它与该行业需求曲线的交点，即均衡点，决定了地租的价格。当某一行业因扩大规模需要增加土地时，如城市工业发展需要增加土地时，会因提高租价而将其他行业的土地（如农业用地）转移到该行业。

马歇尔，是新古典经济学家，剑桥学派的创始人。马歇尔认为，土地是一种特定形式的资本。他在《经济学原理》一书中指出：土地是……大自然为了帮助人类，在陆地、海上、空气、光和热各方面而赠予的物质和力量。马歇尔认为地租由土地的原始价值、私有价值和公有价值三部分构成。原始价值是指土地未经过任何改造的自然状态下的价值；私有价值是土地所有者改良土地投入的资本的收益；共有价值则是指公共设施建设带来的土地增值。马歇尔还创造性地提出了稀有地租的概念，丰富了现代西方地租理论。马歇尔认为，大自然未给人们以无限制的恩赐，因此，地租的产生是大自然的吝啬。他认为从某种意义上来说，所有的地租都是稀缺地租，所有的地租都是级差地租。在他看来，如果不存在稀缺性，任何土地都不会有地租。

（一）边际生产力地租

投入土地的资本和劳动是由陆续使用的等剂量构成的。在陆续投入的过程中，陆续使用的各个等剂量所产生的报酬会出现递增、递减或者增减交替的现象，我们把所产生的报酬刚好与耕作者的生产费用相等的这一剂量称为边际剂。使用这一剂量刚好使耕作者的资本和劳动获得一般报酬，而没有剩余。它所产生的报酬称为边际报酬。投入土地的总剂量数乘以边际报酬，得到所投入资本和劳动的一般总报酬。所投入资本和劳动产生的总报酬超过这一般总报酬，超过的部分就是土地的剩余生产物，它在一定条件下会转变为地租资本和劳动投入量。

（二）稀有地租和级差地租

从某种意义上说，所有的地租都是稀有地租，也都是级差地租。如果地租被看作土地服务总价值，当其超过所有土地在按照边际利用时所提供的总服务的差额时，地租就是级差地租如果把每块土地充分利用到它能被有利使用的程度，也就是说，使用程度达到这样的边际以至其产品只能以一种价格出售，这种价格刚好等于边际产品的生产成本（费用加利润），而不对土地的使用提供任何剩余。这样，土地所提供的服务（产品）的价格，必然由服务（产品）总量的自然稀缺性和对这些服务（产品）的需求，即供求来决定，而地租则最容易被看成这种稀缺价格总量和产品生产成本总量之差，因此它一般又被视为稀有地租。

(三)城市地租

城市地租亦称建筑地段地租,马克思认为,建筑地段地租是工商业资本家和房地产资本家为建造工厂、商店和居民住宅等使用土地而支付的地租。城市地租也可以分为绝对地租、级差地租和垄断地租三类。城市地租的特点主要包括:①土地位置对级差地租量有着决定性的影响。一般来说,在离城市中心较远的郊区或者附近农村,级差地租较小;靠近城市中心繁华地区,级差地租较大。②城市地租的增加,主要是由于社会经济的发展和环境条件的改善造成的,因此土地所有者对建筑地段地租的产生处于被动地位。③建筑地段也存在垄断地租。某些建筑地段,由于所处位置的特殊性(如市中心最繁华地段),其经营者的产品价格就具有垄断性并能带来垄断利润。而且随着城市土地的日益稀缺,土地私有权的垄断性不断增强,因而垄断地租成为建筑地段地租的主体部分。在中国经济理论界曾长期流行的一种观点认为,在社会主义生产资料公有制条件下,土地私有制消灭了,绝对地租就不存在了,当然也就否定了社会主义城市绝对地租的存在。然而,经济建设的实践证明,这种观点不仅违背了马克思主义地租理论,而且也不符合中国社会主义经济发展的实际情况,社会主义社会城市地租,无论是绝对地租还是级差地租都有其存在的必要性。

1872年恩格斯在《论住宅问题》一书中指出:消灭土地私有制并不要求消火地租,而是要求把地租——虽然是用改变过的形式——转交给社会。所以,劳动人民实际占有一切劳动工具,无论如何都不排除承租和出租的保存。在社会主义条件下,土地的私有制被社会主义公有制取代,但土地的所有权与使用权仍然处于分离状态,如果城市土地的使用是无偿的,那么获得长期使用权限的使用者,在利用土地资源时有可能忽视掉城市土地的稀缺性这一重要特点,在土地上粗糙的投资和规划,很容易产生环境污染、土地面积浪费等外部效应。但社会主义的地租与私有制条件下的地租有着本质的区别,在社会主义条件下,城市土地作为国家所有的财产,地租是政府的重要财政收入来源,其有助于增强政府的财政实力,提高政府改善基础设施建设,增加人民利益的能力。

(四)准地租

准地租是指固定资产在短期内所得到的收入。在短期内,固定资产是不变的,不论这种固定资产是否取得收入,都不会影响其供给。只要产品的销售价格能够补偿平均可变成本,就可以利用这些固定资产进行生产。在这种情况下，产品价格超过其平均可变成本的余额，代表固定资产的收入。这种收入是由于产品价格超过弥补其可变平均成本的余额而产生的。如果生产要素的所有者所得到的实际收入高于他们所希望得到的收入，则超过的这部分收入就被称为经济租。这种经济租类似消费者剩余，所以也被称为生产者剩余。准地租与经济租是不一样的，准地租仅在短期内存在，而经济租在长期中也存在。

实际上，准地租是某些素质较高的生产要素在短期内供给不变的情况下，所产生的一种超额收入。例如，生产经营者使用的厂房、设备等，从短期看其供给数量是固定不变的，不因其是否取得收入而影响其供给，在短期内，只要产品价格能够补偿平均可变成本，生产经营者就会利用这些厂房和设备进行生产。在这种状况下，产品价格超过其平均可变成本的余额，代表固定设备的收入。很显然，这种收入由于存在足够大的需求，以致产品的价格超过其平均可变成本之后尚有余额，因而使用这些要素所获取的报酬相当于地租，也具有地租的性质，因此其被称为准地租。从长期来看，这些要素的供给会发生变化，这时要素报酬由供给和需求两方面的变化共同决定，准地租也就不存在了。

（五）地租与土地产品价格的关系

地租是否决定价格的成本，这取决于我们是从一个企业、一个小的行业，还是从一个大的行业或整个经济范围的角度来看问题。就整个经济或一个大的行业而论，我们可以把使用土地的各种方法归并为一类，土地利用方式自然就是单一的，土地的供给缺乏弹性，地租的大小就取决于对土地的需求（引致性需求），进一步而言，就是取决于对土地产品的需求。地租是引致的，即由土地产品价格决定的。从单一的企业或某些小行业来看，土地利用方式是可以选择的（如种小麦或种树，开发成住宅、写字楼、公园或道路），当土地的供给有相当大的弹性时，地租就是影响土地产品价格的成本。

三、城市地租理论

（一）城市地租及其形态

与农业地租相比，城市地租存在一定的特殊性，本部分主要分析城市地租的含义及包括城市级差地租、城市垄断地租和城市绝对地租在内的地租问题。

1. 城市地租的含义

所谓城市地租，是指住宅经营者或工商企业为建筑住宅、工厂商店、银行、娱乐场所等，租用城市土地而交付给土地所有者的地租。在土地私有制的社会里，城市地租为人们所熟识。在社会主义社会，土地私有制被社会主义公有制所取代。在我国，城市土地属于代表全民利益的社会主义国家所有。在相当长的时期内，由于没有树立社会主义初级阶段的观念，没有实行社会主义市场经济体制，人们一直把地租看成是土地私有制的产物而加以否定，与此相联系，在实际工作中实行了城市土地无偿无限期使用制度。改革开放以来，特别是随着社会主义市场经济理论和体制的确立，人们逐渐认识到社会主义条件下仍然存在城市地租。这是因为：一方面，在我国现阶段，社会生产力还没有极大发展，产品还没有极大丰富，还不具备取消地租的生产力条件；另一方面，城市土地的所有权和使用权仍然处于相分离的状态。在这种状态下，就存在土地所有权如何在经济上实现的问题。

当然，在社会主义条件下的城市地租，不归属于任何私人所有，而是归社会主义国家所有。进一步说，社会主义土地经营垄断使城市土地级差生产力转化为级差地租，社会主义土地所有权垄断使垄断利润转化为绝对地租。

2. 城市级差地租

城市级差地租是使用城市较好地段和中等地段土地的单位与个人由于获得较高的土地收益而向国家缴纳的地租，它是城市地租最主要的组成部分。与农业级差地租不同，城市级差地租最重要的决定因素是土地位置和投资用途。对于某一城市而言，城市内部的地块位置的差异使地租差距悬殊。例如，城市繁华商业区和中央商务区（CBD）的土地租金远远高于工厂、企业集中的城市郊区土地的租金。任何地块在经过连续追加投资，使基础设施改善后，地租水平会大大上涨。投资在同一地块上的不同产业，其地租也各不相同，这与农业级差地租相似。城市级差地租是由于地方政府对城市土地的垄断供给和经营产生的。

3. 城市垄断地租

城市地租除了级差地租和绝对地租这两种基本形式之外，还存在一种个别的、特殊的地租形式，即城市垄断地租。所谓城市垄断地租，是指城市中由某些特殊地块的稀有功能带来的生产经营商品的垄断价格所形成的垄断超额利润转化来的地租。马克思称垄断地租是一种以真正的垄断价格为基础的地租，这种垄断价格既不由商品的生产价值决定，也不由商品的价格决定，而是由购买者的需要和支付能力决定。因而，具有这种购买欲望和支付能力的人越多,其价格也就越高,垄断地租就越多。由于土地所有者对这种供不应求的稀缺土地的垄断,这种超额利润就转化为垄断地租。因为这里的商品也只能按照正常价格出售,所以垄断地租不可能来自所出售商品的垄断价格,而是来自优越位置所带来的极高营业额或地上建筑物的特别高的垄断价格。

4. 城市绝对地租

城市绝对地租是指使用城市所有地段土地(包括劣等地、中等地和优等地)的单位和个人都要依法向国家缴纳的地租,它体现了城市土地的国家所有制度。例如,城市土地使用费就是城市绝对地租的一种基本形式。城市级差地租是使用城市较好地段和中等地段土地产生的地租。

城市绝对地租与农村绝对地租相比具有不同的特点。城市绝对地租主要是由使用城市土地的第二、第三产业提供的,城市土地是作为第二、第三产业活动的场所、基地、立足点和空间条件使用的,它的优劣评价尺度主要由位置确定的。但是,城市绝对地租的实体与农村绝对地租的实体是一样的,仍然是超额利润,即劳动者创造的剩余劳动价值的一部分。而且,城市绝对地租是由农业地租调节的,确切地说是由毗邻城市或城市边缘地区的农业用地的地租调节的城市最低等级的土地即为不提供城市级差地租的土地,它处于城市边缘地区,与周边的农业用地相接;相对于农业用地,它曾是农业的优等地,曾经提供农业的优等地租;在它转为城市用地时,农村集体经济组织把土地所有权有偿出让给国家了,因而国家在出让其使用权时有权向土地使用者收取地租,这个地租就是绝对地租。

(二)城市地租的确定

对于城市土地来说,一般有两种实用的评估方法,具体如下。

1. 级差收益测算法

城市土地级差收益实质上是由土地区位差异所导致的级差地租,虽然土地区位很难进行直接量度,但它可以通过企业的经营效果表现出来。假设所有的企业是同质的,但如果在不同区位的土地上,由于其生产经营环境不同,等量投入的产出利润也就不会相同,这种差异就是土地区位造成的,亦即在企业的利润中包含了土地级差收益。因此,我们可以设法从企业利润中分离出城市土地级差收益来。影响企业利润的因素很多,但主要是资本、劳动与土地等要素,因此可把企业利润看作这些因素共同作用的结果。

通过选取某类企业足够的单位面积利润、单位土地面积上的资金投入量、单位土地面积上的劳动投入量(以工资额)表示的样本资料,并选用适当的教学模型，利用回归分析方法估计出模型参数，从而可以测出不同等级土地的级差收益。

2. 租金剥离法

租金剥离法原是指从实际房屋（主要是商业用房）租金中分离出地租，然后再将地租资本化用以计算地价的一种方法。它和收益还原法、成本逼近，近几年常用在土地基准地价评估之中，用于计算土地及房屋的价值和收益。一般情况下，租赁双方签订的合同价款都是房地合一的租赁价格。根据2014年的《城镇土地估价规程》中介绍的基本估价方法，房屋租赁合同中的租赁价格属于收益还原法里的总收益。该总收益里既包含土地纯收益，也包含房屋纯收益，还包括出租方应负担的一些费用。例如，《城镇土地估价规程》中介绍的经营管理费、经营维修费、房屋年折旧费、房屋年保险费、房屋出租年应交税金等费用。在具体计算租金中包含的费用数额时，要根据租赁合同的内容进行判断，一项一项进行剥离，在剔除总收益中包含的总费用后，可以得到房屋租赁的房地纯收益。得到房地纯收益后，由房地纯收益减去房屋纯收益就可以得到土地纯收益。从房租中扣除房租构成中的前7项因素（其取值方法参见有关著作和资料），剩余的就是地租，即地租=房租-（折旧费+维修费+管理费+利息+保险费+税金+利润）。

第二节 区位理论

一、区位的含义

区位一词来源于德语的"standort"，"stand"为站立场所、立脚地、站立之意，"ort"为位置、点、场所之意，我国译作区位。具体而言，区位是指特定地块所处的空间位置，是自然界的地理要素和人类社会经济活动之间的相互联系和相互作用在空间位置上的反映。

从区位的定义可以看出，区位一方面指该事物的位置，另一方面指该事物与其他事物的空间的联系。工农业生产活动，城市的形成和发展，都必须有一个确定的空间位置，离不开与其他事物的联系，这种联系可以分为两大类：一是与自然环境的联系；二是与社会经济环境的联系。因此，区位可以划分为自然地理区位和经济地理区位。自然地理区位是自然产生的，对城市的形成和发展起着重要的影响。城市经济地理区位的差异，决定了城市的作用、性质和发展方向。

二、土地区位理论

(一)农业区位理论

杜能的农业区位理论假设:①孤立国建立于一个面积相当大的区域,其土地面积是一定的,而且全部作为农业用地,经营以获得尽可能高的纯收益为目的;②孤立国实行自给自足,只有一个城市,位于其中心,也是全国农产品的消费中心;③孤立国周围是荒地,城市和郊区只有陆上道路相通,交通手段是马车;④所有土地的肥力、气候条件、农业技术条件和农业经营者能力是相等的;⑤市场农产品价格、农业劳动力工资、资本利息也是均等的;⑥运输费用与农产品的重量及从生产地到消费市场的距离成正比。根据上述假设,生产某种农产品的总成本除运费这一项外,其他都是一样的,这样市场销售价格也是一样的。这样越靠近市场,即城市的企业,其总成本就越小,纯收益就越大;反之则相反。在这种情况下,在什么地方种植何种农作物最为有利,完全取决于利润,而利润由农业生产成本 C、农产品的市场价格 P 和把农产品运到市场上的运费 T 三个因素决定。这样,杜能就提出了农业区位的理论模式:利润=农产品销售价格-农业生产成本-运输费用,用符号表示为 $x=P-C-T$。

如果 P、C 不变,则 T 的增减直接决定 x 的大小。所以,这是单一因素即运费决定利润,从而决定在什么地方种植何种作物的区位论。这种由空间距离(运费)造成的价格差决定了土地利用的不同类型,表现为以城市为中心向外呈同心圆状的六个农业地带。

(二)工业区位理论

德国经济学家韦伯是工业区位理论的奠基人,他分别于 1909 年和 1914 年分别发表了《工业区位理论:论工业区位》《工业区位理论:区位的一般及资本主义的理论》,并在当时产生了广泛影响。为满足理论分析的需要,与杜能类似,韦伯也提出了一些假设条件:①研究的对象是一个均质的国家或特定的地区;②工业原料,燃料产地分布在特定地点,并假设该地点为已知;③工业产品的消费地点和范围为已知,且需求量不变;④劳动力供给亦为已知,劳动力不能流动,且在工资率固定情况下,劳动力的供给是充裕的;⑤运费是重量和距离的函数;⑥仅就同一产品讨论其生产与销售问题。

韦伯工业区位理论的核心是通过对运输、劳力及集聚因素相互作用的分析和计算,找出工业产品的生产成本最低点,作为配置工业企业的理想区位。韦伯首先分析了运费对工业区位选择的影响,他认为厂址应该选择运输成本最低的地点，而决定运输成本高低的因素主要有两个：距离的远近和产品的重量。韦伯定义了原料系数的概念，即原料与成本重量之比。他认为，原料系数小于1时，生产工厂应设在消费中心区；原料系数大于1时，生产工厂应设在原料产地附近；原料系数等于1，生产工厂则可以任意选择。在此基础上，韦伯还分析了具有多种原材料的产品的工厂布置问题，提出了著名的"区位三角形"模式，用以证明和选择运费定向区位除运费之外，工资成本也是影响工厂区位选择的重要因素。因此，韦伯对上述模型进行了修正，加入了工资成本因素。其主要思路是：首先根据运输成本原则确定工厂区位；其次将厂址从运输费用最低点迁移到劳动力成本最低点，计算所增加的运输成本和节约的劳动力成本，如果前者大于后者，则迁移没有意义，反之，则迁移之后可以节约总成本。韦伯还分析了集聚与分散因素对工业区位的影响，集聚因素是指促使工业向一定地区集中的因素，分散因素与集中因素相反，指不利于工业集中到一定区位的因素。工厂的集聚会产生规模效益，工厂之间的分工协作与资源共享也可以进一步节约成本，提高收益。但工厂集聚之后，也会带来一些负面效应，如会使工厂租金增加和环境污染加剧。

（三）中心地理论

中心地理论，又可称为中心地点论，是由德国地理学家克里斯·泰勒在20世纪30年代初系统提出来的。他在1933年发表了《德国南部的中心地方》一书，通过对该地区的研究得出了三角形经济中心和六边形市场区分布的区位标准化理论。克里斯·泰勒在研究工作中力求解释城镇的相对位置而不是绝对位置。克里斯·泰勒也提了一系列假设条件：①地域是一个均一的平原，避开了自然地形和人工障碍的影响，土地肥沃，资源、人口和收入分布均匀，且货物需求、消费方式都是一致的；②有一个统一的交通系统，交通费和运距成正比，且朝各个方向移动都可行；③居民及其购买力的分布是连续和划一的；④消费者的活动具有空间上的合理性，即遵循短距离。克里斯·泰勒探讨了中心地对周围地区承担服务的范围，认为距离最近、最便于提供货物和服务的地点，应位于圆形商业地区的中心，因为对于一个孤立中心地的市场而言，圆形是最合理的市场区图形，圆的半径是最佳的服务半径。但在多个中心地并存的情况下，圆形市场区就不再是最合理的市场区图形，因为这时相邻中心地的服务范围会产生空白或重叠交叉，从而得不到最佳的效果。克里斯·泰勒从几何上，根据周边最短而面积最大和不留空当的原则，推导出市场区最合理、最有效的市场图形是正六边形体系。同时，由于中心地提供的货物和服务有高级、低级之分，即对周边地区的重要性不同，低级中心地的门槛较低,最大销售距离和范围较小,而相应高级中心地的门槛较高,最大销售距离和范围较大。

因此,克里斯·泰勒认为,不同的货物和服务的提供点都能够按照一定的规则排列成有序的等级体系,一定等级体系的中心地不仅提供相应级别的货物和服务,还提供所有低于那个级别的货物和服务。中心地理论的基本概念是,任何企业的任何一种产品,总会有一个最大的销售范围并至少要占有一定范围的市场区,也就是产品的最大销售限界。在这样一个限界内,可能达到的最大销售额就是该产品的限界值。其中,各级城市都分别在相应的市场区中起着商品集散与加工中心的作用,因此,其又被统称为"中心地"。

三、影响土地和房屋区位的主要因素

影响土地和房屋区位的主要因素包括社会经济、自然和行政等因素。

（一）社会经济因素

社会经济的发展水平是影响土地区位的最重要因素,它包括以下几个方面。

1. 繁华程度

繁华是指城市某些职能的集聚,会对企事业单位和居民产生巨大的引力结果,并在土地上创高额的收益和利润,在外观上则表现为城市生活中交往最频繁、最活跃的地区。在城市中,银行、保险、证券交易、进出口贸易、房地产、高级宾馆等商务金融组织,由于服务对象和相互之间的业务都有密切联系,因此其往往集聚在同一个地段,国外称其为中心商务区,这类职能通常靠近城市最高商业服务中心。

2. 交通状况或通达程度

通达程度就是把通行距离和时间作为一个整体,既要求通行距离短,以节约运费,同时又要有四通八达的交通网络,以减少出行时间。反映通达程度的因素主要包括道路功能、道路宽度、道路网密度、公交便捷度和对外设施的分布状况。

3. 基础设施和公用设施的完备程度

城市的基础设施包括交通、能源、给水、排水、通信、环境保护、抗灾防灾等设施,它是城镇发展必不可少的物质基础,其配套程度和质量直接影响城镇功能的正常运转。公用设施与城镇居民正常生活和工作有密切关系,它包括医疗、教育、银行、储蓄、邮政、商业服务业、行政管理机构等设施,

对城镇的经济效益和社会效益也能产生间接影响。

4. 人口密度

人口密度反映人地之间的相互关系。人口密度越高，越有利于促进商业中心的形成，越能配套建设比较完善的城市基础设施和公用设施，土地利用的集约化程度也相应提高，土地的区位就越好。城镇人口密度和土地区位的关系基本遵循这一规律，边缘区次之，郊区最少，与此相对应，土地区位也随之由城镇中心逐渐变差。但人口的集聚效益是有一定限度的，当人口密度超过了合理的环境容量，非但不能继续产生新的效益，反而使城镇环境恶化，交通拥挤，市容混乱，从而影响土地的区位优劣。

（二）自然因素

自然因素是影响土地区位的重要因素之一。地形坡度、土地承载力、洪水淹没及排水状况、公园与绿地、环境质量等都会对土地区位的优劣产生影响。

1. 地形坡度

城镇主要建筑物占地都要求地势平坦，排水良好，土方工程量小，以节省开发投资。地形起伏的地区，坡度对道路网的建设和交通的营运管理也有很大影响。

2. 土地承载力

城镇的各类建筑物和构筑物都要求天然地基稳固，具有较高的承载力和良好的地质条件，以节约建筑造价，相反，在地基承载力低的软土层中建设高大的楼层，必须采取强化基础的工程措施。

3. 洪水淹没及排水状况

分布在沿江沿河地带的城镇，每到洪水季节，一些地势相对较低的土地常遭到洪水淹没，有些地段则因为坡度过于平缓而排水不畅，雨季经常积水。这些都会使土地贬值。

4. 公园与绿地

园林绿地有净化空气、美化环境、改善城市小气候、丰富城市居民室外活动等多种功能，是城镇环境与生态系统的重要组成部分。

5. 环境质量

在工业化和城市化的过程中，环境问题不仅困扰着城市的发展，危及居民的切身利益，同时也直接影响土地区位的优劣。

（三）行政因素

影响土地区位的行政因素主要是城镇规划。城镇规划的主要内容是合理安排好城镇各类用地，虽然城镇规划涉及的土地利用是未来的目标，但土地区位的优劣在现实的土地市场中就会表现出来。

第三节 厂商均衡理论

一、完全竞争市场的厂商均衡

（一）完全竞争市场结构的含义和形成的条件

完全竞争市场中，单个厂商面对的需求曲线 d 的状况；厂商短期均衡条件及公式；厂商达到短期均衡时的盈亏状况取决于均衡时价格 P 与短期平均成本曲线 SAC 之间的关系及对利润的影响；亏损状态下，厂商继续生产的条件。

（二）完全垄断市场结构的含义与形成的主要条件

完全垄断厂商所面临的需求曲线的形状，与完全竞争的区别；边际收益曲线 MR 和平均收益曲线 AR 的关系也不同，完全垄断 MR＜AR，完全竞争 MR＝AR。

二、完全垄断市场的厂商均衡

完全垄断市场是指整个行业的市场完全处于一家厂商所控制的状态。它主要有以下特征。

①市场上只有唯一的一个厂商生产和销售某商品。
②该厂商生产和销售的商品没有任何相近的替代品。
③其他任何厂商不可能进入该行业。
④垄断厂商是产品价格的制定者。

（一）完全垄断市场上的短期均衡

在完全垄断市场上，虽然具有垄断地位的厂商可以通过对产量和价格的控制来实现利润最大化，但同时也受到市场需求的制约，所以厂商仍要按边际收益等于边际成本的原则确定产量。当产量决定之后，短期内由于生产规模既定，厂商难以完全按市场需求变动而进行调整，因此仍可能出现供不应求或供过于求的状况，所以短期均衡时同样可能出现厂商获得超额利润、正常利润或出现亏损三种情况。完全垄断市场上短期均衡的条件是 MR=MC（MC 指边际成本）。

（二）完全垄断市场上的长期均衡

从长期看，厂商可以通过调节产量与价格实现利润最大化。厂商长期均衡的条件是边际收益与长期边际成本和短期边际成本都相等。

三、垄断竞争市场的厂商均衡

完全竞争与完全垄断是两种极端的市场结构，而绝大多数行业既包括竞争因素，也包含垄断因素。垄断竞争是仅与完全竞争的第二个条件不同，而与其他条件都相同的一种市场结构，即各厂商的产品不同质，存在一定的差别。这些差别主要表现在产品的质量、颜色、包装、品牌及销售条件等方面的不同，从而对消费者产生不同的心理影响，因此每一种有差别的产品都能以自身特色在一部分消费者中形成垄断地位，每个厂商对自己的产品都享有一定的排斥其竞争者的垄断权利。产品差别是指同一种产品之间的差别，因此它们之间又有很高的替代性，从而又会引起竞争。此外，垄断竞争市场具有众多的生产者和消费者，加上资源可自由流动和信息畅通，所以垄断竞争市场十分接近于完全竞争市场。

（一）垄断竞争市场上的短期均衡

垄断竞争厂商的短期均衡：在短期内，垄断竞争厂商是在现有生产规模下，能通过对产量和价格的同时调整，来实现 MR=SMC（SMC 指短期边际成本）的均衡条件，在均衡点上可能获得最大利润，也可能是最小的亏损，这取决于均衡价格是大于还是小于 SAC。在企业亏损时，只要均衡价格大于 AVC（平均变动成本），企业在短期内总是继续生产的；只要均衡价格小于 AVC，企业在短期内就会停产。垄断竞争厂商短期均衡条件是 MR=SMC

在短期均衡的产量上，必定存在一个 d 曲线和 D 曲线的交点，它意味着市场上的供求此时是相等的，垄断竞争厂商可能获得最大利润，可能利润为 0，也可能蒙受最小亏损。

（二）垄断竞争市场上的长期均衡

垄断竞争市场的厂商也可以通过调整生产规模来调节产量，而且其他厂商也可以进入或退出该行业。在长期，厂商可以任意变动一切生产投入要素。如果一行业垄断竞争市场出现超额利润或亏损，会通过新厂商进入或原有厂商退出，最终使超额利润或亏损消失，从而在达到长期均衡时整个行业的超额利润为零。因此，垄断竞争与垄断不同（垄断在长期拥有超额利润），而与完全竞争一样，在长期由于总收益等于总成本，因此只能获得正常利润。

四、寡头垄断市场的厂商均衡

一般来说,寡头行业厂商的行为方式,可分为勾结行为和独立行为,因此,不知道关于竞争对手相互之间的反应方式,就无法建立寡头厂商的模型,或者说,有多少关于竞争对手之间反应方式的假定,就有多少寡头厂商的模型,就可以找到多少不同的均衡结果和均衡条件。因此简而言之,到目前为止,在西方经济学中,还没有一个寡头市场模型,可以对寡头市场的价格和产量的决定作出一般的理论总结,按照寡头厂商间反应关系和反映内容来看,在无勾结情况下较为出名的寡头模型有古诺模型、斯泰克伯格模型、波特兰模型、埃奇沃斯模型及斯威齐模型(也叫作折弯的需求曲线模型);在有勾结联合情况下的模型有张伯伦模型、价格领导者模型。还有一类是非利润最大化的寡头垄断模型:市场份额模型,还有鲍莫尔的最大销售额模型等。

(一)寡头垄断市场上产量的决定

在寡头垄断市场上,当不存在相互勾结时,各寡头根据其他寡头的产量决策,按利润最大化原则调整自己的产量。当寡头之间存在勾结时,产量由各寡头协商确定。而确定的结构对谁有利,则取决于各寡头的实力大小。

(二)寡头垄断市场上价格的决定

寡头垄断市场上的价格,通常表现为由各寡头相互协调的行为方式所决定。这种协调可以有多种形式,可以是以卡特尔正式协议所表现的公开勾结,但大多是寡头共同默认和遵从一些行为准则而形成的非正式勾结。前者通过建立卡特尔,以达成的协议来协调各寡头的行动,以统一确定产品价格,并规定各寡头产品的生产和销售限额;后者则表现为寡头垄断市场上所通行的价格领先和成本加成等定价方法。

第四节 土地价格理论

一、土地价格的内涵及其特点

(一)土地价格的内涵与外延

土地价格是指土地的购买价格,是土地未来年期纯收益的资本化。在资本主义制度下,任何一定的货币收入都可以资本化。根据马克思的劳动价值理论,价格是商品价值的货币表现,而商品价值是凝结在商品中的人类抽象劳动。自然土地不是人类劳动产品，不包含人类的抽象劳动，土地能向人类永续的提供产品和服务，即在一定的劳动条件下土地本身能产生收益，随着土地权利的转移，这种收益的归宿也发生转移，因此土地在交易过程中实际上是对土地权利的转移，土地纯收益现值的总和就表现为土地价格。

（二）我国土地价格的主要类型

1. 按管理层次划分

基准地价和宗地地价。基准地价是分用途的土地使用权的最高出年限的区域平均价格，具有有限期、全域性、平均性、时效性的特点。其作用是：反映土地市场中的地价水平及期限变动趋势，为地价管理提供依据；为国家征收土地使用税提供依据；为土地合理利用和流转提供依据。

2. 按土地产权性质划分

按土地产权性质划分可分为土地所有权价格和土地使用权价格。

3. 按土地开发程度划分

①毛地是指政府出让未经拆迁安置补偿的旧城区土地；②生地是指未进行征地补偿的新区土地。两者均指已完成使用批准手续而未进行或部分进行基础设施配套开发和平整的正常市场条件下土地使用权价格。一般说，毛地价格和生地价格由出让金城市基础设施配套建设费构成，不包括拆迁补偿费或征地费；③熟地价格是指政府出让经过"三通一平"或"五通一平"或"七通一平"，可直接开发利用的土地。

4. 按地价构成划分

按地价构成划分可分为城市建设配套费、征地拆迁开发费和土地开发费。

5. 按交易方式划分

①收购地价，收购方式可分为征用、收回、收购、置换。②划拨地价、出让地价、承租地价：一级市场中的主要地价形式。③出租价格、转让价格、抵押价格：二级市场形成产生的主要地价形式。④入股价格：起源于国有企业改革，一般适用于占地面积较大、经营争能力强、开发前景好。

6. 按地价形式和目的划分

评估地价、交易地价、政策性地价和征地区片综合是我国地价体系的核心。

二、马克思主义的土地价格理论

（一）土地资源和土地资本的价格

从理论上来看，现实的土地可以分成两部分，一部分为土地物质，也称土地资源；另一部分为土地资产，也称土地资本。这两者价格形成的过程不同，价格的特点也不相同，只有进行区别对待与区别分析，才能把握土地价格的内涵，正如马克思所明确提出地把土地物质和土地资本区别开来。

1. 土地资源价格

土地资源是人类赖以生存与发展的物质基础和最基本的自然资源，它的主要组成部分是岩石、沙砾、泥土、水等，是非劳动产品。这就使得其价格的形成具有特殊性。从土地资源的价值形成过程分析，商品的价值有使用价值和价值之分，使用价值是指商品的有用性，价值则是指凝结在商品中的无差别的人类劳动。土地资源无疑具有使用价值，表现为土地的三大基本功能——承载功能、生育（环境）功能和资源功能，即土地资源可以满足人们生产、生活的多方面需求，因而土地具有非常重要的、特殊的使用价值。但是，土地资源不是劳动产品，因而不具有劳动价值。

2. 土地资本（资产）价格

土地资本是土地的另一个组成部分，是指凝结于土地之中的固定资产。土地资本的价值和价格与其他固定资本的价值和价格在经济特性上是相同的，都具有使用价值和价格，其价格不是虚幻的，是真正的价值价格。个别生产价格是由土地开发的成本加上平均利润而形成的。

虽然土地资源和土地资本两个层次的价格因素在实际中难以严格地区分开来，但二者在经济性质上的区别却是明显的，即前者是土地权利在经济上的实现形式，而后者则是土地的投资及其带来利息性地租的资本的收回。分别讨论土地资源和土地资产的价格，不仅可以从理论上阐明土地所具有价格的原因，也可以用于分析实际中价格的变化规律，因此其具有重要的理论和实际意义。

（二）关于土地价格质和量的规定

1. 关于土地价格质的规定

马克思明确指出："土地价格当然不过是资本化的地租。"这一观点具有普遍的实用价值，不论是对未开垦利用的土地，还是对已开垦利用的土地都是适用的，所不同的不过是地租量的多少问题，未开垦的土地只有虚幻的价格，没有投入劳动，也就没有价值价格；已利用的土地，由于土地资源由不可分割的"偶性"土地资本构成，并转化为地租，因此地租量增加；土地所有权者出卖土地，就是把收取地租的权利出卖给他人；购进土地，就是买入别人收取地租的权利。

2. 关于土地价格量的规定

土地价格是指能够带来同地租等量利息的货币数额，即"实际上，这个购买价格不是土地的购买价格，而是土地所提供的地租的购买价格，它是按普通利息率计算的"。按照这一定义，土地价格的计算公式可以表述如下：土地价格=地租/银行利息率，所以，土地所有者在出卖他的土地时，要考虑出卖土地所得的货币，如果存入银行，其利息和地租的数量要相等；否则，他宁肯保留土地收取地租。

三、我国土地价格的形式

我国开始土地使用制度改革以来，城镇土地逐步由无偿使用改为有偿使用，土地市场也逐步建立起来，土地价格的体现形式也日趋多样化，有土地出让、作价入股、授权经营、国有土地租赁和行政划拨等多种形式。由于我国实行的是土地公有制，土地所有权归国家或集体所有，实际交易中的土地价格只是为取得一定时期土地使用权而支付的一种代价；是土地所有权在经济上的一种实现形式；是土地所有权价格的一部分。但我国土地使用年期较长，一般都在50年左右，而且在使用期间也同样拥有转让、出租、抵押等权利，又类似于土地所有权。

第五节 制度经济学理论

一、交易费用理论

交易费用理论是整个现代产权理论大厦的基础。1937年，著名经济学家罗纳德·科斯（R. Cosas）在《企业的性质》一文中首次提出交易费用理论，该理论认为，企业和市场是两种可以相互替代的资源配置机制，由于存在有限理性、机会主义、不确定性与小数目条件使得市场交易费用高昂，为节约交易费用，企业作为代替市场的新型交易形式应运而生。交易费用决定了企业的存在，企业采取不同的组织方式最终目的也是节约交易费用。他指出：市场和企业都是两种不同的组织劳动分工的方式（即两种不同的"交易"方式），企业产生的原因是企业组织劳动分工的交易费用低于市场组织劳动分工的费用。一方面，企业作为一种交易形式，可以把若干个生产要素的所有者和产品的所有者组成一个单位参加市场交易，从而减少了交易者的数目和交易中的摩擦，进而降低了交易成本；另一方面，在企业之内，市场交易被取消，伴随着市场交易的复杂结构被企业家所替代，企业家开始指挥生产，因此，企业替代了市场。由此可见，无论是企业内部交易，还是市场交易，都存在着不同的交易费用；而企业替代市场，是因为通过企业交易而形成的交易费用比通过市场交易而形成的交易费用低。

所谓交易费用是指企业用于寻找交易对象、订立合同、执行交易、洽谈交易和监督交易等方面的费用与支出，主要由搜索成本、谈判成本、签约成本与监督成本构成。企业运用收购、兼并、重组等资本运营方式，可以将市场内部化，消除由于市场的不确定性所带来的风险，从而降低交易费用。

二、产权理论

新制度经济学家一般都认为，产权既是一种权利，也是一种社会关系，是规定人们相互行为关系的一种规则，并且是社会的基础性规则。产权经济学大师阿尔钦认为："产权是个社会所强制实施的选择一种经济物品的使用的权利。"这揭示了产权的本质是社会关系。在鲁滨逊一个人的世界里，产权是不起作用的。只有在相互交往的人类社会中，人们才需要相互尊重产权。产权是一个复数概念，一个权利束，包括所有权、使用权、收益权、处置权等。当一种交易在市场中发生时，就发生了两束权利的交换。交易中的产权束所包含的内容影响物品的交换价值，这是新制度经济学的一个基本观点。

产权实质上是一套激励与约束机制。影响和激励行为，是产权的一个基本功能。新制度经济学认为，产权安排直接影响资源配置效率，一个社会的经济绩效如何，最终取决于产权安排对个人行为所提供的激励。

三、企业理论

科斯运用其首创的交易费用分析工具，对企业的性质及企业与市场并存于现实经济世界这一事实做出了先驱性的解释，将新古典经济学的单一生产制度体系——市场机制，拓展为彼此之间存在替代关系的、包括企业与市场的两重生产制度体系。科斯认为：①企业是作为价格机制的替代物出现的。②在企业外部，生产是由价格运动引导的，而价格运动是由市场上一系列的交换来协调的；在企业内部，这些市场交换被消灭了，企业家替代了市场机构，这是因为利用或发现价格是有成本的，而企业家认为他在协调生产时所花费的成本低于市场的交易成本。③企业存在的根本原因，就在于节约了交易成本，企业的主要功用是把若干要素所有者组织成一个可取代价格机制功能的单位来参加市场关系网络，以达到降低交易成本的目的；④企业规模又并非越大越好，企业适度规模的均衡条件是边际组织成本＝边际交易成本。

四、制度变迁理论

制度变迁理论（Institution Change Theory），20世纪70年代前后，旨在解释经济增长的研究受到长期经济史研究的巨大推动，最终把制度因素纳入解释经济增长中来。制度变迁理论经济学意义上的制度是，"一系列被制定出来的规则、服从程序和道德、伦理的行为规范"，诺思称之为制度安排。制度安排是指支配经济单位之间可能合作也可能竞争的一种安排。制度安排旨在提供一种使其成员的合作获得一些在结构外不可能获得的追加收入，或提供一种能影响法律或产权变迁的机制，以改变个人或团体可以合法竞争的方式。

制度变迁的原因之一就是为了节约交易费用，即降低制度成本，提高制度效益。所以，制度变迁可以理解为一种收益更高的制度对另一种收益较低的制度的替代过程。产权理论、国家理论和意识形态理论构成制度变迁理论的三块基石。制度变迁理论涉及制度变迁的原因或制度的起源问题、制度变迁的动力、制度变迁的过程、制度变迁的形式、制度移植、路径依赖等。

综上所述，地租的形成和土地的区位是房地产经营中的关键因素，也是引导相关房地产实践活动的指南。因此，在某种程度上地租理论与区位理论是房地产经济学的理论基础。本章从地租理论的基本发展过程入手，对马克思主义的地租理论进行了全面的介绍和分析，并分析了城市地租与房地产业的关系；其次，重点介绍几种区位理论，着重阐述了城市区位理论的决定因素；最后，论述了区位理论在房地产业发展中的作用。

第三章　现代房地产经济运行与房地产市场

随着社会主义经济的发展和改革开放的深入，房地产经济在整个国民经济中的地位和作用越发明显地表露出来了。我国房地产经济的建立是目前房地产经济体制改革实践和房地产业振兴发展的客观要求。

第一节　房地产市场概述

一、房地产市场的概念

房地产市场，是指房地产作为一种特殊的商品进行交易的场所。

房地产市场是房产市场和地产市场的结合。二者虽各具独立的内容，但有着密切不可分的联系。主要表现为：①在实物上，房屋与承载它的土地不可能分开，房屋不能成为空中楼阁；②在权属上，土地使用权往往依附在该土地上房屋的所有权，土地使用权伴随着房屋所有权的转移而转移；③在价格上，土地使用权转让的价格往往被包含在房屋的价格之中。

房地产市场在内部结构上分为两级：一级市场（又称国家级市场），其主体是代表国家的房地产经营管理部门。其任务，一种是要按照城市规划和土地管理法的有关规定征用土地，将土地使用权出让给承担开发业务的企业；另一种是将国家所有的房产出租或出卖给单位或个人。一级市场由国家垄断经营，以利于国家对房地产市场的宏观调控。二级市场是房地产开发市场，其经营主体为各房地产开发公司，其经营内容是按城市总体规划和小区建设规划对土地进行再次开发。经营主体之间可以开展竞争，有利于微观搞活房地产市场。

房地产市场与一般的商品市场不同，是个没有柜台的市场，交易对象是住宅或其他物业，交易时需要进行深入的实地调查，甚至反复数次。所以房地产的交易中，对于市场的趋势难以把握，就有可能造成"不公平的交易"。这其中有多种因素存在，如每项房产的特殊性、地段、个人偏好，对该项房产没有系统的资料及房地产经纪人的销售技巧等。

二、房地产市场的性质与特征

（一）行业性质

房地产业是指以土地和建筑物为经营对象，从事房地产开发、建设、经营、管理，以及维修、装饰和服务的集多种经济活动为一体的综合性产业，是具有先导性、基础性、带动性和风险性的产业。其包括土地开发，房屋的建设、维修、管理，土地使用权的有偿划拨、转让，房屋所有权的买卖、租赁，房地产的抵押贷款，以及由此形成的房地产市场。在实际生活中，人们习惯上将从事房地产开发和经营的行业称为房地产业。

房地产业是不同于建筑业的一个独立产业，在我国的产业划分中，隶属于第三产业。建筑业是指建筑安装施工行业，是建筑产品的生产部门，是从事工业与民用房屋和构筑物建造的行业，它完全是物质生产部门，属于第二产业；而房地产业不仅是土地与建筑产品的经营部门，它还从事土地开发和房屋建设，具有生产（开发）、经营、服务等多种性质，属于第三产业。当然，房地产业与建筑业之间又具有十分密切的联系，它们的作用对象都是房产、地产这类不动产；在日常的经济活动中，房地产企业与建筑企业之间往往形成甲方和乙方的关系。因此，在房地产业与建筑业内部，人们常说这二者之间是一种休戚与共、唇齿相依的关系。

（二）市场特征

第一，在社会主义市场经济体制下，房地产市场是一个不完全开放的市场。所谓不完全开放，主要是指市场行为应严格服从国家的宏观调控和强化交易活动的规范管理。一般来讲，市场的开放度与市场的运转速度和繁荣程度是成正比的。但房地产市场却不能像其他商品市场那样任其无限度的开放。其原因主要有以下几点。

①地产资源是有限的，国家必须控制房地产业开发的速度。房地产资源的相对稀缺和人类社会对房地产需求的绝对增长，是房地产经济运行的基本矛盾。随着经济的不断发展，人们生活水平的提高、消费个性化倾向发展等因素，都会促使人类对房地产的需求无论在量上，还是在质上都日趋增加和提高，由于土地的不可再生性，决定了房地产市场一般总是处于紧张状态。

另外，如果国家不采取调控措施，放纵房地产业的开发，经济上不去，人们的生活水平没有大幅度地提高，就会出现房地产的供大于求的现象。以国内普通商品房开发为例，从目前人们的生活水平看，买得起商品房的毕竟是极少数人，若不以市场需求为依据，不以经济发展情况为出发点，就可能造成房地产市场出现异常现象，大量房源积压，而又有大量的人没有房子居住，造成资金不能正常周转，市场不景气这就要由政府出面干预。从这点分析，可知房地产市场不可能是一个完全开放的市场。

②国家政策、城市规划影响着房地产市场的开放度。由于房地产资源配置直接关系到国计民生，因此国家还必须对房地产商品价格严格管理，这必然会影响房地产市场机制的发挥和房地产商品流转的频率及自由度。随着土地使用制度和住房制度改革的不断深化，国家对房地产市场的管理将会逐步增加指导性成分，减少指令性成分，逐步放宽政策，以活跃市场。

城市规划的实施与房地产开发常常存在矛盾，即既有促进房地产业发展的一面，也有限制其开放度的一面。从根本上讲，规划的实施有利于房地产业的健康发展，但房地产的设置、布局和使用又应当体现现代城市风貌，这就与城市规划可能发生矛盾。因此，房地产的开发客观上不可避免地要受到城市规划的限制。

③资金短缺也将成为限制房地产市场发育的因素之一。尤其是在房地产金融市场尚未完全发育的今天，除少数资金雄厚的房地产公司外，大部分均存在资金周转困难的问题，制约着房地产业的发展。

第二，房地产市场是不动产市场。由于房地产属不动产范畴，价格垄断，因此，决定了房地产市场的交易形式必然是出租与买卖两者并存。

第三，房地产市场是一个多方位的市场。它表现为市场模式的多元化，流通方式的多样性和交换价格的多层次性三个方面。

①房地产市场的多元化模式。从经济运行过程分，其包括房地产开发市场、经营市场、物业管理市场及服务市场；从市场流通渠道分，其包括有形市场（固定市场、有市有场）、无形市场（社会大市场）、国内市场及涉外市场。以上多种形态的房地产市场并不是各自分离的，而是相互结合、相互依存，构成为一个统一的完整的房地产市场体系。

②房地产市场的多样化流形式。从交易方式分，其有一次性购买和租赁两大类。此外，还有介于两者交易方式之间的"按揭"（指买主在购房产和地产时，向贷款的银行提出担保前质押文件的行为）。购买方式有拍卖、招标、协议等。乱赁分为长期租赁、短期租赁、直接租赁及转租等方式；从交易的对象看，分为使用权的交换和所有权的交易。所有权的交易又可分完全产权交易和部分产权交易等。

③房地产商品流通的多层次价格。从层次上分，在流通过程中，都有一个从调拨价到福利价、计划价、成本价、优惠价、准商品价、商品价及外汇价等的过程；从价格类型分，有买价、租价、拍卖价、抵押价、期货价、一

次性付款价、分期付款价、使用权价、产权价、不完全产权价、地产出让价、转让价、毛地价及熟地价等；从市场和价格管理角度分，有标准价、公示价、评估价和实际交易价。

这种价格的多层次性和多类型与房地产商品的特魅性密不可分。此外，在我国的具体情况下，即计划与市场相结合的双向调控下，必然存在多层次价格，在房地产市场建设中应特别重视房地产价格评估和管理。

第四，房地产市场是一个投资性与投机性相结合的市场。房地产市场交易是一项费资浩大、时间较长、关系面广的交易行为。由于房地产的保、升值具有巨大的吸引游资的魅力，同时也吸引了各种投机活动（房地产投机往往作为房地产市场旺盛的共生物而出现），因此，在交易中就必须有一系列法规和文件来规范房地产市场交易，规范各种流通方式的操作程序。为确保投资的安全性和效益性，还要以契约的形式来确立有关各方面的权利、义务、责任。房地产交易中除直接当事者双方外，一般还应有中介人、经济人、律师银行代表等。这样才能有效地保护交易活动及参与者的正当权益。

第五，房地产市场买卖双方的关系特殊。一般市场买卖双方的关系随着商品交换的结束而结束，而房地产市场则由于其商品的固定性和耐用品性，即使其商品已售出，也还有管理和维修的义务，从而使买卖双方的关系具有相对的稳定性。

第六，房地产市场供需矛盾的特殊性。房地产市场由于其商品投资大，土地的稀缺性和不可再生及房地产建设周期长的特点，使房地产供应的弹性小而需求的弹性大。这与一般的商品市场是不同的。

第二节　房地产市场供求关系

一、城市住宅

（一）城市住宅的供给

一个城市住宅的供给，是住宅市场上按一定交易条件可供交易的住宅数量及由行政分配的住宅数量构成的。住宅的供应最终取决于住宅投资和住宅经营的发展。一个时期的城市住宅供价量包括新建住宅的增量和原有住宅存量的买卖、租赁、交换、分配的量和速率。

首先，住宅的供给量取决于新建的量，即住宅生产量。通常以年度时间单位计算。新建住宅量在价值形态上，取决于每年的投资规模；在物质形态上，取决于每年生产的钢材、木材、水泥、砖及建筑工人数。住宅作为商品，它的生产可为生产者提供利润，为消费者提供效用，在价值形态上与其他商品没有多少区别。因此，必须按商品经营的方式组织住宅的生产，提高住宅建设资金的使用效益，增加产出量，从而增加住宅存量，改善居住水平。

城市住宅的建设或城市住宅的供给，除基地因素外，主要取决以下三个方面的因素。

1. 住宅建设资金的数量

住宅建设的多少，住宅建设速度的快慢首先取决于住宅建设资金的多少。如果住宅投资多，住宅建设的数量就多，否则就少。

2. 建设材料的供给量

建设住宅，需耗费许多生产材料，如钢材水泥、木材砖、瓦灰、砂、石等。如果这些建筑材料供给充分，就可以按计划或根据需求状况实现住宅的建设，否则就会使住宅建设受到影响。

3. 住宅建筑企业的生产能力

住宅建筑企业的生产能力，是决定住宅建设的一个重要因素。在其他条件具备的情况下，住宅建筑企业生产能力大就可以根据需求，建设相应数量的住宅，如果住宅建筑企业生产能力不足，就会影响住宅的建设量，从而造成住宅需求的紧张状况。

其次，住宅的供给量还取决于住宅的存量。这通常指在某时点上所拥有的住宅量。由于住宅寿命较长，因此，一般选1年为某个时间点。住宅存量便指该年度的住宅数量，该年度的住宅存量可用公式表示：$HS_t-1=D+Q_t$。式中，HS_t为上年度的住宅存量；D为住宅消亡量；Q_t为住宅产出量。

所谓住宅消亡是指住宅失去居住功能。决定住宅消亡量高低的指标是住宅消亡率（H_i）。住宅消亡率是指给定时间上（如某1年），住宅消亡与住宅存量的比值。决定住宅消亡率高低的因素是住宅寿命的住宅年龄结构。

住宅寿命是指住宅从投入使用到失去居住功能所经历的时间。现代发达国家住宅的平均寿命为40～50年。因此可以近似地认为，住宅消亡率等于住宅平均寿命的倒数。

住宅存量中不同年龄住宅（主要指自然年龄）的住宅量在住宅存量中所占的比重，称为住宅存量的年龄结构。研究住宅存量的年龄结构，既有利于弄清住宅存量的年龄构成，便于管理住宅资源，又有利于准确地计算住宅消亡率。住宅的年龄结构随着地区的不同而不同。

（二）城市住宅的市场

住宅需求源于个人和家庭，但是，从严格意义上讲，消费者购买住宅并不一定都是居住自用。在充分发展的房地产市场上，住宅居住自用占购买的主导地位，还有的是用于出租或转手出卖获利者。所以住宅消费市场由两类消费者构成，一类是为了自己居住用而购买住宅；另一类是为了居住而承租住宅。这样，我们就将住宅消费市场定义为，为了消费而购买或承租住宅的个人或家庭。所以，在消费者市场范围内所研究的住宅市场包括住宅居住购买者市场和住宅承租者市场。

（三）城市住宅需求

城市住宅需求是与一定的购买力相适应的。由于城市住宅需求不考虑居民的购买力，因此城市住宅需求有时被描述为社会的概念，不依赖于经济因素。而从市场经济角度分析，则主要是研究城市住宅需求。影响城市住宅需求量的主要因素如下。

1. 经济发展的速度和水平

因为城市住宅需求是有支付能力的需求，所以它取决于城市居民购买力的大小，取决于城市居民的收入和收入分配。一般地说，城市居民对住宅需求大小，同城市居民收入多少成正比例。而城市居民的收入，又取决于职业就业数、平均工资水平和工资支出构成中住宅消费所占的比重。说到底其取决于城市经济发展的速度和水平。

2. 城市人口发展状况

城市人口的自然变动、机械变动和社会变动都直接地影响城市住宅需求量。城市人口的不断增长或人口的都市化，会造成城市住宅需求量的极大增长；地区之间人口的流动也会引起住宅新的需求；即使城市人口总量不变，但由于家庭结构的变化，家庭规模趋向小型化，也会造成家庭户数的增加，从而造成城市住宅需求的增长。此外，城市人口年龄结构的变化也会对城市住宅需求量产生影响。

3. 城市住宅价格高低

城市住宅价格高低是影响城市住宅需求量最明显的经济因素，特别是在短期内，更能影响城市住宅的需求量。住宅价格上升，是形成城市住宅需求量的制约因素；反之，价格下降或过低，则会加剧对城市住宅的需求量。如果我国一直实行"低租金、福利制"的住宅分配方式，则会使我国城市住宅需求不断恶性膨胀，从而难以控制。

4. 国家对住宅价格的补贴

国家对城市居民住宅价格的补贴多少，与城市住宅需求量的增减是同向的运动。补贴越多，社会对城市住宅需求量也越大，相反则越小。

（四）影响住宅消费需求的因素

住宅消费需求是社会发展各个方面综合作用的结果，受到多方面因素的影响。这里我们从消费者自身因素和其他因素两方面来分析。

1. 消费者自身因素

自身因素是影响住宅消费需求的内部因素，即消费者的个人特征。其主要包括年龄、家庭、生活方式、个人生理及心理上的需求层次等。其中，家庭生命周期和需求梯度对住宅消费需求的影响较大。

2. 其他因素

其他因素是影响住宅消费需求的外部因素。其包括购房抵押贷款、利率、房地产税收、市场投资的收益、交通是否便利、价格是否公平、设计完善度、环境等因素及住宅制度和国家的政策、行政法律因素。

二、非居住用房

（一）非居住用房的供给

非居住用房的供给主要分为两类：一类是原有物业；另一类是新建物业。其供应方式也主要分为两类；一类是租赁；另一类是买卖。在不同的城市，原有物业与新建物业的比值是不同的。这个比值在新城市、发达城市中低一些，在发展已定型的中、小城市中高一些。由于物业的永久性，原有物业在城市中一般占主要部分，只要新旧物业在使用质量上无太大差别，用户通常认为它们大致是相同的。但是，从供应角度看，它们有着明显的区别。因此，有必要对原有物业和新建物业分别进行考察。

原有物业的供应量取决于用房户的退租量、转让数量。而用房户则取决于经营活动的期望利润。在经济高涨时期，经营活动的期望利润增加其结果是使原有物业的供应量降低，原有业主和租户就不会售出或退租。同时，由于经济高涨，市场上对物业的需求也会增加。所以，原有物业的供应量与对它的需求量成反比。反之，在经济衰退时期，经营活动的期望利润低，用房户会纷纷抛弃物业，从而造成市场上原有物业的供给量增加。同时，市场对物业的需求量下降。

原有物业市场上需求量越大供应量越小的矛盾，必须依靠新建物业的补充才能缓和。但是，新建物业从兴建到完成，需要一段较长的时期，从而造成新建物业的供应量增加有一个时间上的滞后，进而使得这种增加不能马上适应需求的变化。滞后时间的长短根据物业类型的不同而不同，一般标准工业厂房标准住宅约需6个月时间；豪华商业大厦需要3～5年。新建物业的供应水平变化反应滞后于需求水平变化，因此，在分析时必须准确地预测经济形势，考虑货币时间价值。

开发新建物业的目的是达到预期的利润，这个利润就是物业建成后的市价减去开发成本。当物业价值与开发成本之间的差值增加时，新建物业的供应水平就提高。无论是原有物业还是新建物业，它们的短期供给价格弹性都是不足的。而作为非居住用房的物业，特别是价值较高的物业，其长期供给的弹性较高。

新建物业短期供给价格弹性不足的原因在于：新建物业从决定开发到完工，需要一段相当长的时间。这段时间包括选址、准备法律文件、审批购地、设计施工验收。这里的短期是指从决定物业开发到该物业建成可供出租的那段时期。所以，在少于这段时期内，新建物业无法满足市场的需要，市场上的物业供给量无法变化。只要新建物业是在造成后才出租的，根据定义，新建物业因房地产市场价格变化而引起的供给变化率是很小的，其供给价格弹性是不足的。

在短期内新建物业的供给弹性不足，即在短期内物业市场价格上涨并不会导致物业供给水平的迅速增长。因此，在短期内，物业需求量的变化是价格和租金变化的主要原因。

物业长期供应的情况则不同于短期供应。以时间为坐标，从房地产市场的横向看，物业的供应量与需求量是两个定量，这两个定量决定了那一瞬时物业的价格水平。从房地产市场的纵向看，物业的供应量和需求量又是两个定量，这两个定量决定了物业价格水平的变化趋势。

非居住用房，特别是商贸、金融大厦，其物业价值较高、长期供给弹性较高。

虽然商业大厦所需土地不多，但是没有土地，仍然无法建造商贸大厦。被城市规划控制使得获取土地变得困难，而这又降低了非居住用房物业的长期供给弹性。有时，城市规划的修订会导致某些物业开发项目的中止。那些容易获得政府规划部门批准的物业是较有弹性的，那些容易改变用途的物业也是较有弹性的。

（二）非居住用房的市场

非居住用房是除了住宅以外的各种房屋的总称。它包括了工业生产用房、金融、贸易、商业、旅馆等的经营用房，企事业单位、机关的办公用房、科教文卫用房及宗教的寺庙等。非居住用房是城市经济赖以发展的空间和场所。是最基本的物质资料。这里主要介绍工商业、物业市场上用于生产经营而购买或租用、工商业用房的组织或个人的购买行为，也就是房地产生产者市场。该市场是指为了生产经营而购买房屋的组织和个人，也被称为产业市场或企业市场。其购买者多为各种企业、公司等生产经营组织。

（三）非居住用房的需求

对非居住用房的需求，主要取决于使用该物业后所能带来的期望剩余。人们对使用该物业后所生产的产品或提供的服务的需求，又是决定相应期望剩余值大小的主要因素。所以，对物业的需求与人们对商品和各种服务的需求是相一致的。在任何城市或区域，人们对物业的需求水平最终取决于社会的消费水平。影响、决定非居住用房需求的主要因素是人们的可支配收入和银行利率。人们可支配收入增加或银行利率下降，都会促使社会总需求增加。但是，社会总需求增加并不意味着对所有类型物业的需求都会增加。

个人可支配收入水平是决定物业需求量的重要因素。物业的需求收入弹性为较高的正值。第二次世界大战后，西方社会中个人可支配收入水平大大提高，使得人们对物业的需求不断增加。物业的需求收入弹性数量是分析房地产投资风险的主要参数之一。投资于需求收入弹性大的物业，利润可能较高，但风险亦较大；投资于需求收入弹性较小的物业，利润不会太高，但风险相对也小。

影响物业需求的其他因素为人口数量的变化和技术更新。每个城市的人口数量都在变化，但如果变化幅度很大，就会成为影响物业需求量最主要的因素，因为物业的服务对象最终是居民。技术更新对物业的需求量变化也有影响。例如，人们现在对装有电脑控制系统的商业大厦越来越感兴趣。

物业的需求价格弹性一般较小，即物业需求量对价格和租金变化反应迟钝。经济学理论告诉我们，投入品的需求价格弹性取决于产出品的需求价格弹性。物业的固定性使得每一项物业都是唯一的、不可替代的。特别是在繁华的商业区，一幢大厦或一家商店所处的位置是至关重要的，相差数米距离的商店，其价格和租值甚至相差悬殊。离人行道较远的商店无法替代人行道较近的商店。物业所处位置的重要性是其需求价格弹性低的重要原因之一。与物业相比，那些替代性大的商品，它们的需求价格弹性是较高的。

第三节 房地产市场体系的运行

一、利用市场机制来调节房地产的供求关系

市场机制是随着市场的出现和发展而形成的。有什么样的市场,就会有什么样的市场机制。根据市场的运行特征,一般将市场划分为完全竞争市场、不完全竞争市场和垄断型竞争市场。市场机制的一般特征是:企业对市场的依赖;价格机制的主导作用;竞争和利润最大化原则;自然均衡过程与盲目性。保持房地产市场的供求平衡,是国民经济综合平衡的一项重要内容,也是城市房地产管理部门安排市场,解决好房地产供求矛盾的一项主要工作。

价值规律是市场机制的重要内容,保持房地产市场的供求平衡是社会主义经济的要求。若房地产商品供过于求,新建房屋长期无人购买、租用,会造成社会劳动的浪费,造成生产资金周转缓慢,使正常的生产秩序受到破坏,给其他有关工农业生产的发展也带来不利的影响;相反,供不应求,房地产商品脱销,则会使一部分购买力不能实现,影响居民的生活水平和企业生产水平的提高,使建造房量者忽视房地产的质量,从而掩盖生产和流通过程中的经营性亏损,进而不利于生产开发企业改进生产,提高质量和增加商品的类别,也不利于连通部门提高管理水平,提高修缮能力。

市场机制的调节作用,主要表现在房地产市场价格要符合其价值。这也是价值规律所要求的。这就是说,商品的价值量由社会必要劳动时间决定,商品的交换要依据等价交换的原则,如果房地产价长期大幅度地低于或高于其价值,就违背了价值规律;没有合理的价格,就无法存在正常的供应与需求的关系。

在市场机制中,价格发挥着重要的作用。它不仅决定着供给与需求,而且也决定着资源的配置,因此,市场机制的重要特征就是价格机制的主导作用。

首先,房地产商品的价格决定了人们对房地产商品的需求。房地产商品需求的决定因素很多,如居民收入水平、消费心理、个人偏好、替代品和需求弹性等,但最主要的是价格因素。在其他因素不变的情况下,房地产商品价格变化,对需求的影响表现在两个方面:一是一种房地产商品价格的提高或降低,可以引起对这种房地产商品需求量的减少或增加;二是不同房地产商品价格的升降,会导致消费者重新组合对该种消费品需求的构成。

其次,房地产商品的价格决定房地产市场的供给。供给的决定因素,主要有技术水平生产成本和价格等。

通常在房地产商品供不应求的前提下，应当适当提高价格，从而刺激其生产的发展，同时又可以限制购买力，最终达到供求平衡的目的。相反，如果市场上的房地产供过于求，应适当降低其价格，从而使生产规模缩小，扩大购买力，最后达到供求平衡的目的。

二、利用计划机制来调节房地产的供求关系

利用计划机制来调节房地产的供求平衡，就是在社会主义市场经济条件下，根据一定时间内和一定地区的客观条件，制定出房地产供给量和需求量，在总量上和结构上都能保持相互适应的供求平衡计划。

对于城市住宅市场的供求平衡，按地域划分有，全国的和地区的房地产供求平衡；按房地产大类划分有，高级住宅和普通住宅。供求的平衡、优等地和劣等地供求平衡，在住宅各大类内部，有主要住宅和主要等级住宅的供求平衡。其中，保证全国的房地产供求平衡和主要住宅的供求平衡，是安排好整个房地产市场供求平衡的重要前提。

为此，首先必须要做好供求测，这是使平衡得到客观的科学依据的前提，一个国家在时期内的住宅发展规模，是由生产力发展水平决定的，当然也受发展战略和发展方针的影响。影响住宅发展规模的因素有，投资比例（住宅建设投资在国民生产总值中的比例）、人口（人口数量，人口结构及家庭结构）和住宅建设标准（每套住宅的建筑造价和面积标准）。投资比例和人口因素决定的住宅需求量是客观存在的，住宅建设标注则可以在两者之间起调剂作用。住宅建设标准的高低，能决定以同样数量的投资是否能够满足社会需求的程度，或者决定满足同样的需求所需投资额的多少

住宅发展规模的预测，是通过运用总量分析，从宏观上把握住宅发展规模的量度，从而提高住宅决策的精确性，为住宅发展提出可行性实施计划。

其次，在制订平衡计划时，应充分考虑要与国民收入的增长水平相适应。住宅的供给与需求、供求的质和量，无不受到经济发展水平、国民收入增长的制约，因此，建立住宅的供求平衡，就应自觉地把平衡建筑在国民收入能承受得住它数量和质量能的基础上，从世界各国的横向对比中，可明显看出，不同人均国民收入的国家，其城市居民的消费水平不同，这种差距既表现在每户所拥有的住宅数量上，又表现在住宅的质量、配套设施和环境品质上。从一个城市住宅发展的纵向看，住房消费需求是与国民经济发展程度相适应的。

对于非居住用户市场的供求平衡分析与住宅市场的供求平衡分析有所不

同。城市居住用房是除住宅以外的各类房屋的总称，它包括工业生产用房、金融、贸易、商业、旅馆等的经营用房，企事业单位、机关的办公用房、科教文卫用房及宗教寺庙等。非居住用房是城市经济活动的空间，因此，它的供求总量和结构如何，直接关系到城市经济的发展水平和城市经济结构的优化，也关系到城市的性质和功能。

第四节 房地产市场分析

一、房地产市场的形成

并不是出现了房地产买卖就形成了房地产市场。在西方的中世纪和中国漫长的封建社会都存在房地产的买卖，但由于当时的买卖都是偶然的、零星的，并不具备相应的规模，没有成为一种社会经济活动，因此不能代表当时房地产活动的总体特征和经济关系，而是作为其中的例外存在。因此，当时房地产市场并没有形成，人们建造房屋的基本目的不是用于交换，而是为了自己使用。伴随着资本主义现代城市制度的兴起，房地产才开始比较普遍地作为商品来进行生产和交换。所以说，房地产市场是现代城市制度的产物，我们现在所说的房地产市场一般是指城市房地产市场。现代城市制度的兴起主要从三个方面为房地产市场的形成创造了条件。

①现代城市制度的兴起从根本上改变了土地的用途，使其进入商品化的生产和使用。在资本主义现代城市制度兴起之前，土地基本用于农业生产，一般只限于特定区域内具有生产能力的农民利用其从事生产活动，通常不作为商品来交换。随着现代工业及城市的兴起，土地开始具有多样化的用途，工业用地、商业用地、居住用地等非农业生产用地的比重不断增加，而且土地的潜在用户范围也在扩大。这不但大大提高了土地的价格，而且也为其作为商品进入市场提出了需求和创造了条件，同时也促使土地开发走上了商品化的道路。

②现代城市的兴起极大地扩大了房地产的需求规模并使其呈现集中化的趋势，这为房地产作为商品来生产和交换及房地产业的形成创造了条件。在资本主义现代城市兴起之前，社会对房地产商品的需求是零星的，一般房地产开发生产都不是为了交换，而是为了自己使用。现代城市的兴起，极大地提高了对城市房地产需求的规模和价格，这为其生产经营活动的专业化和商品化提供了需求并创造了条件。

③现代城市是现代商品经济的孪生物，从客观上要求房地产作为一种生

产要素进入商品经济体系。现代城市的发展与完善是现代资本主义商品经济发展与完善的重要标志,而这种商品经济遍及社会经济活动的各个方面,房地产作为一种基本的生产要素和生活要素自然也不例外。同时资本主义现代商品经济制度的形成也为房地产的商品化生产和交换创造了条件。

总之,现代房地产商品交换是资本主义城市制度的产物,其含义已不是指某一特定时间、地点、过程的房地产交换,而是一种比较普遍的社会经济活动。

二、房地产市场的分类

根据房地产市场的具体操作可进行如下分类。

（一）按市场经营方式分

①售卖市场,即以物业的全部产权或部分产权或使用权作为买卖标的物的房地产市场。

②租赁市场,即物业主在保有物业所有权的前提下,仅把物业使用权分期投入市场流转的房地产市场(我国城市土地只有租赁市场,没有售卖市场)。

③抵押市场,即抵押人以物业作为还款担保物,向抵押权人取得贷款的房地产市场。

④换房市场,即房屋所有人或承租人之间在政策允许的范围内,以房换房的房地产市场。

（二）按市场经营的竞争方式分

①拍卖市场,即物业所有人或其代表人以当场竞买的方式确定买卖人的房地产市场。

②招投标市场,即物业所有人以招投标形式确定买卖人或承租人的房地产市场。

③协议市场,即在先选择和确定物业买卖或租赁双方的前提下,非竞争性的自由协商方式进行成交的房地产市场。

④普通市场,即众多的物业买者和卖者,出租人和承租人,根据各自的需要和利益,择优结对成交物业的所有权或使用权的房地产市场。

（三）按交货方式分

①现货交易市场,即以实际已存在并进入流通领域的物业作为标的物的房地产市场,若交易成功,则买卖人或承租人即可实际取得物业。

②期货交易市场,即以预定日期才能完成并进入流通领域的物业作为现

时交易标的物的房地产市场。在期货市场上，交易双方的价款支付和物业交付行为的发生在时间上是相互分离的。

（四）按市场活动的对象分

①地产市场，即以城市土地的使用权和征用农地的所有权、使用权为交易对象的房地产市场，它的建立直接影响着整个房地产市场的发育和经济的发展。

②房产市场，即以房产为表现形式的"房地结合"的市场。

③资金市场，即通过房地产专业银行等金融组织，用信贷、发行股票、期票和债券，开展住户储蓄业务，以及企业动用期货预售等方式，帮助房地产企业融通资金的房地产市场。

④劳务市场，即为用户提供各种服务的房地产市场。这些劳务包括房屋装饰、维修、管理及经纪人的活动。

三、我国房地产市场现存的主要问题

（一）房地产市场功能的行政性

房地产市场的功能本来应该是房地产市场各要素有机作用的结果，是房地产市场的一种内在机制。但我国现阶段房地产市场在一定程度上仍是行政控制的市场，其作用被视为政府的一种行政手段。这样带来的主要问题如下。

①市场运行的主观性，难以全面真实地反映市场供求双方的意愿，起不到经济机制的作用；②政企不分，给某些行政管理人员以权谋私，利用职务之便搞竞争歧视和为非法倒买倒卖留下可乘之机；③房地产市场的发展不平衡、不稳定，随着政策的变化大起大落，投机现象盛行。

（二）房地产市场主体的双重人格及其行为的混乱

一方面，在新体制的促动下，企业化和专业化的房地产市场主体已逐步形成，主体利益开始独立化，竞争的素质和能力在不断提高，因此已经具备了部分合格的市场主体条件；另一方面现行的房地产市场主体还存留了许多传统体制的行政色彩，还不是完全的市场风险承担者和最终收益人，还缺乏完全随市场信号自我调节的权力和能力，还存在着许多非市场化的竞争行为。房地产市场主体的双重人格使其市场行为呈现错综复杂的表现，缺乏合理行为的规范，这可集中概括为如下几方面。

①房地产市场需求不足和需求膨胀现象同时并存。一方面，房地产市场的真正买主，绝大部分是公有制的企业或利用公有制企业之利行私人之便的

客户，其有效需求缺乏严格的自我约束机制，因而带动了市场价格的上涨和需求的盲目发展；另一方面，真正有能力以现行价格购房的私人为数极少，社会购买力极为有限，大部分人只能等国家的福利性出售或出租。②房地产开发经营单位大多是在定的行政权力支持下的垄断性企业，由于这种行政垄断使房地产市场处于一种卖方市场地位，其利润远远高于社会平均利润，从而促使房地产开发经营单位的盲目发展和社会分配的不公。③房地产开发经营单位的双重人格，导致房地产开发经营的成本上升，质量低下，经营效率下降。④房地产市场需求主体的双重人格导致房地产市场价格的混乱，许多人乘机损公肥私，市场难以起到其应有的调剂作用。首先是公有制的单位购买或建房，然后以不同的形式和价格将其所有权、部分产权、使用权或居住权转让给单位的个人，这样就给很多人以可乘之机转手投机买卖出租。

（三）房地产市场客体流动的行政约束性和不配套性

我国现阶段房地产市场客体的流动大多都不是无条件可在全社会范围自主进行的，而是有明确的地区、主体、条件等限定，所以市场机制的作用也是不完全的。同时，房地产市场的各种客体要素发育并不是完全同步的，有许多要素相互之间缺乏必要的衔接。房地产市场客体的上述特征集中表现在如下几方面。

①各类房地产市场运行规则与信号的相异性，如公房市场与私房市场的价格差异导致许多人转租公房，公房市场与私房市场的差异导致私下交易，隐价瞒价、搞假赠予、变相租赁等。②新开发房地产市场与旧房地产布场不配套，导致旧房地产占有人成为既得利益者，并且旧房地产的调剂作用被忽视。③房地产的所有权市场与使用权市场不配套，公有房地产的租金与售价严重脱节，不利于私人购买房产。④住宅市场同其他房地产市场不配套，后者的发育被忽视。⑤房地产市场的各种配套客体业务不配套，房地产开发、买卖、租赁相对受到重视，而房地产的使用、管理维护、金融、抵押、评估、代理、咨询，却没有得到相应的发展。

（四）房地产市场的运行规则缺乏科学性、规范性和稳定性

首先，房地产市场的管理缺乏可以参照的客观尺度，现行的房地产市场运行规则不能提供这种标准。其次，房地产市场运行规则还具有一定程度的临时政策性色彩，没有从根本上走向法制化的轨道。房地产市场运行规则的上述特征集中表现在如下几个方面。

①房地产市场运行规则的制定不是由集中代表市场供求双方的力量相互作用的结果，而完全是由国家相应的行政管理机构进行的，具有一定的主观

性。②房地产市场运行规则在许多条件下不是通过对房地产市场信号的影响而传递给市场主体，而是由行政部门规定并直接传递给市场主体的。③房地产市场运行规则不是建立在价值规律和供求规律的基础上的，而是反映了现行体制下的具体情况，具有不稳定性，所以其必然要随着体制改革的深化不断修改。④各地区房地产市场运行规则不统一；都有各自的局部利益，所以全国的房地产市场运行规则也就难以规范化，而只能求同存异。⑤我国现在还没有建立起一套相对系统完善的房地产法规，所以各种偷漏税费、房地产交易纠纷、欺诈行骗现象还屡见不鲜。

第五节 房地产经济概述及其市场经济运行模式

一、房地产经济的基本概念

在我国有计划的商品经济社会中，房地产经济是以房地产商品为对象，在生产、流通和消费领域中进行各种经济活动的总称。它立足于整个房地产业全部经济运动。上述概念基本包含以下内容。

①把房屋的建筑部分和与其相连的建筑地块有机组成的房地产，作为统一而完整的物质商品，通过有计划地纳入统一的市场，在不同的经济领域中进行不同性质的经济活动。也就是说，在商品经济条件下房地产的基本属性是商品，房地产的商品关系是体现在房屋建筑及与其相连的建筑地块上的商品关系的总和。它不仅科学地反映了房地产业所特有的经济内容，同时也保证了房地产经济本身的完整性和不可分割性。

②城市房地产的使用功能是多样的，既是生产资料，也是生活资料。既然房地产经济立足于房地产业全部经济运动，因而它囊括了住宅和非住宅的经济。它不但包括房地产业的开发建设过程，同时还包括房地产经营和劳动服务的流通与消费过程。所以房地产经济绝不仅仅局限于房地产业的某个方面或某个环节的经济活动，它是整个房地产业领域和经济运动过程中所固有的完整的经济体系。

③房地产的开发建设过程和房地产经营服务的流通过程是密切相连的，它们所形成的交叉作用构成了房地产经济再生产的有机整体。由于房产和地产的各自特性及在房地产商品中两者之间的关系，使房地产再生产全过程体现在房地产经济之中。在城市中，从土地经过开发成为地产并形成房基地，到房屋建成，进入流通领域，实现房地产的经济价值后，便形成了房地产经济有机循环的整体过程。通过建设资金投入产出，进而发挥其最大的经济效

益和社会效益。

二、研究房地产经济的意义

研究房地产经济具有十分重要的意义,主要表现在以下几个方面。

①研究房地产经济的运转过程及其内在规律,逐步建立科学的房地产经济学理论。房地产经济是一项复杂的系统工程,在它的内部有着客观存在的各种经济关系与运转机制,在它与外部的关系上又有着丰富的内容。探讨与研究这些经济运转过程及其内在规律,逐步建立科学的房地产经济理论,对于充实完善社会主义经济理论体系,丰富经济学科的内容,具有开创性的意义。

②为制定有关房地产的方针、政策、法令提供理论依据。党和国家的有关房地产的方针、政策、法令是指导房地产工作的行动指南,经营指导正确与否,对于房地产经济的发展起着十分重要的作用。方针、政策、法令的切实可行与完善,必须建立在符合客观经济规律科学的基础上。房地产经济学正是探讨房地产经济客观规律的科学,它可以为国家制定正确的房地产方针、政策、法令提供理论依据,提高有关方针、政策、法令的科学性。

③总结房地产工作的经验教训,推动房地产经济体制改革。近几年,我国房地产工作积累了丰富的经验,也有不少值得注意的教训,这些都是我们应该继承的宝贵财富。房地产经济学应从理论与实践的结合上,认真总结历史的经验教训,从中找出规律性,作为我们今后工作的向导,提高房地产工作的自觉性,克服盲目性,这对于推动房地产经济体制的改革,促进房地产经济和国民经济的良性循环都是十分有利的,其对于进一步搞好今后的房地产工作,更有着重要的指导作用。

④促进房地产工作提高经济效益、社会效益和环境效益。房地产经济学要对房地产工作实践发挥现实作用,对促进房地产工作的深入和完善、改变房地产工作的面貌做出贡献。从而使房地产以尽可能少的投入取得尽可能多的产出,以尽可能少的耗费取得尽可能大的效用,即取得最佳的经济效益,为"四化"做出应有的贡献。同时,房地产工作还牵涉社会的发展和对社会对环境的影响与作用,因此,必须在注意房地产经济效益的同时,重视房地产工作的社会效益和环境效益。

三、市场经济运行模式

房地产经济是房地产开发建设过程和流通过程统一的有机体。房地产经济循环机制是由生产机制、流通机制和消费机制构成的。也就是说,房地产再生产的三个环节是城市房地产经济运行机制的主要内容。

（一）房地产的生产环节

房地产的生产环节，从房地产业来说，也就是房地产开发建设。它是房地产经济运行机制的基础。为了促进国民经济的发展，提高人民的物质文化生活水平，满足发展生产和人们的居住消费需要，房屋生产（开发）是必不可少的。房地产的生产环节由土地开发和房屋建设内容所组成。

1. 城市土地开发

城市土地开发是指根据城市经济社会发展的需要，通过投入资金改变原有房地产的实质结构或使用功能、面貌，以增强房地产的效用的经济活动。城市土地开发有多种形式。根据城市土地开发对象的不同，可以分为新区开发和旧区改造；根据城市土地开发方式的不同，可以分为外延型开发与内涵型开发；根据城市土地开发的内容不同，可以分为单项开发与综合开发；根据城市土地开发规模的不同，可以分为零星地段开发和成片小区的开发。

2. 房屋建设

房屋建设是一个相当复杂的过程，必须严格按基本建设程序进行。基本建设程序是指建设工程项目（包括房屋建设项目），从酝酿、规划、设计、配套、施工到房屋建成竣工交付使用所经历的全过程。

房屋建设可采取国家、企业和个人自建或合建的形式。过去房地产建设投资主要来源于国家，随着经济发展，企业和个人建房已成为房屋建设的重要投资渠道。

（二）房地产的流通环节

房地产流通是房地产再生产的重要环节，也是房地产经济运行机制的核心环节。它是沟通房地产生产和消费两个领域的桥梁和"媒介"。房地产开发的目的只有通过流通才能实现，这个环节主要任务是以各种经营方式尽快地实现房地产的价值，最终完成房地产的再生产，并且为房地产资金循环奠定基础。其流通形式主要由土地出让、转让、出租、抵押及房屋买卖、租赁和抵押等方式组成。

（三）房地产的消费环节

房地产的消费是房地产再生产的必不可少的环节，是房地产经济运行机制的重要组成部分。房地产生产的最终目的，是满足社会生产和人民居住生活的消费需要。同时，房地产价值的实现，有赖于房地产的消费，因此，房地产的消费反作用于生产建设,以房地产中的住宅为例,随着人们收入的增加和生活水平的提高,今后住宅消费在整个生活消费结构中所占比重将呈上升趋势,在提高人均居住面积的基础上,人们将主要追求住宅本身质量和环境质量。在房地产经济流通领域中以租赁方式进入市场的房地产,在其消费全过程中,房地产业的修缮服务是房地产商品在消费环节中所不可缺少的一项重要内容

以上仅是从房地产经济内部三个环节来分析房地产经济的运行机制,但由于房地产本身社会性很强,因此其必须与国民经济(即外部关系)联系起来,才能形成一个完整的房地产经济运行循环机制。

（四）房地产经济的良性循环机制

房地产经济的良性循环是指房地产开发建设和再开发建设过程与资金运转过程畅通无阻,周而复始的正常运转。其不仅投入有产出,而且产出应大于投入,以保证房地产再开发建设运行机制。

1. 首先应保证房地产的简单再生产

房地产简单再生产是指房地产的开发建设是在原有规模上不断地重复进行。房地产经营必须收回成本,才能得以必要的价值补偿,保证房地产的简单再生产正常进行。

2. 关键是实现房地产的扩大再生产

房地产扩大再生产是指房地产开发建设是在扩大的规模上不断重复进行。房地产的价值由成本和利润两部分共同构成,资金循环后得到增值。

依据再生产的一般规律,房地产本身的资金必须有去有回,实现自我循环,自我补偿,只有当利润的一部分转化为房地产开发建设资金时,才能扩大房地产开发建设规模,即实现房地产扩大再生产。这种房地产资金自身的良性循环,既是房地产投资最基本的资金来源,又是房地产经济良性循环的核心内容。

第四章 现代房地产价格与房地产价格体系

价格是市场运行的核心,房地产价格是房地产市场中的重要分析指标,与房地产市场中的供给与需求有着非常密切的关系。认识和理解房地产价格的本质特征和基本变化规律,对于客观地认识房地产市场是非常必要的。

第一节 房地产价格概述

一、房地产价格的含义和特征

(一)房地产价格的含义

关于价格的定义,马克思主义经济学与西方经济学有所不同。马克思主义经济学从劳动价值理论出发,认为价值是价格的基础,价格是价值的货币表现,价格总是围绕价值上下波动。马克思主义经济学的价格理论有一定的合理性,但无法有效地解释市场经济中的许多价格差异现象。西方经济学则认为,价格是商品供求关系的反映,供大于求则价格下降,供小于求则价格上升,供等于求则形成均衡价格。

借鉴马克思主义经济学和西方经济学的价格理论,我们将房地产价格定义为,房地产价格是以土地、房屋开发建设等成本为基础,由房地产市场的供需关系决定的房地产商品的货币表现。房地产价格是一个复杂的经济范畴,既包括土地的价格,又包括房屋建筑物的价格。房屋建筑物是人类劳动的结晶,具有价值,这与一般商品价值的形成相同。但土地是自然界的产物,属于一种特殊商品,其具有价格是因为土地垄断引起的地租的资本化。

(二)房地产价格的特征

1. 地域性

房地产也叫不动产,其固定不变的区位是决定价格的一个根本因素,其不可私动性决定了房地产商品的唯一性,任何一宗房地产只能就地开发、利用或消费，且完全受制于其所在的空间与环境。房地产的供求状况、价格水平及市场周期变化等都具有一定的区域性，突出表现为不同地区的房地产价格水平及变化规律各不相同。房地产地域性的特征不但使其外部效应表现得更为突出，而且使房地产市场隐含着一定的地域性垄断。

2. 异质性

房地产商品因其区位、自然、社会、经济条件的差异，以及建筑物式样、风格、朝向规模、装修、附属设备等方面的差别，共同强化了其异质性。房地产商品的异质性主要表现为位置固定性、质量差异性及面积有限性等特征，这使得房地产市场上不可能存在统一价格。以上因素也使得房地产市场不具备完全的利伯维尔场特征，其价格既不易识别又各不相同。此外，房地产商品价值量往往较大，某一类型的物业一般只有少数几个买者或卖者，所以其价格一般随交易的需要而个别形成，其中交易主体之间的个别因素及偏好起到很大作用。

3. 趋升性

从经验数据看，房地产价格往往具有趋升性。长期来看，因为房屋使用功能的永久性与居住需求的不变性造成房地产具有增值、保值性。房地产商品的相对稀缺、土地供给缺乏弹性、城市人口刚性增加、生活方式改善、经济发展、消费者收入水平提高及技术持续进步等多种因素决定房地产价格的趋升性往往不可避免。中期来看，房地产价格一般不是直线上升的，而是伴随着供求的变化呈现螺旋上升状态。而在短期内，由于战争、瘟疫投机、动乱及衰退等政治、社会、自然和经济因素，房地产价格也可能会下降。

4. 权益性

现代产权经济学认为，商品交易的本质不是物品实体的转移，而是一组权利的转让，这一特征在房地产市场中体现得尤为明显。房地产交易的前提就是存在一组明确界定的专有的、可转让的财产权利。房地产位置相对固定，在交易中转移的并非房地产实物本身，而是关于房地产的所有权、使用权和抵押权等一系列权利。因此，房地产价格实际是一种权益价格。因为价格是对依附于房地产上的权利的衡量，实物状况相同的同一宗房地产根据其不同的权益要求而可以具有不同的价格。

5. 政策性

房地产业是关系国计民生的支柱行业，其市场发展形态和价格水平受到政府政策的重要影响。首先，土地市场受到政府的严格把控，土地的权属性质、稀缺性及耕地保护的必要性都决定了政府必须直接参与土地资源的配置。政府的各类土地利用规划、计划及相关土地保护政策都会对区域土地价格产生重大影响。此外，具体到房地产市场，各种宏观经济政策及房地产业本身的调控政策对房地产价格的影响也非常大。

6. 多样性

一般商品的交易方式主要是买卖，价格常表现为单一的买卖价格。而房地产因其价值量大、使用寿命长，交易方式多种多样。除了买卖和租赁这两种基本交易方式外，还有抵押、典当、作价入股等交易形式。这样，房地产价格既可以用买卖价格即出售价格表示，也可以用一定期间的收益，即租赁价格表示。租金代表一定期间的收益，将收益以适当的折现率折现，就可以得到买卖价格。在不同的交易方式中，房地产价格还有不同的表现方式，如抵押价、典当价等。

二、房地产价格的分类

房地产价格可以根据不同的物质形态、形成方式和计价单位等进行划分。

（一）按物质实体形态划分

根据物质实体形态的不同，房地产可以分为三种物质形态：土地、房屋建筑物以及房产与地产的统一体。相应地，房地产价格可以分为土地价格、建筑物价格和房地综合价格。

土地价格可以分为土地补偿价格、土地出让价格和土地转让价格。土地补偿价格是指国家征收农民集体所有土地时，对土地所有者和土地使用者的补偿。按照我国现行法律规定，征收土地补偿包括青苗、地上附着物补偿费，土地补偿费，安置补助费和被征地农民的社会保障费用。根据《国务院关于深化改革和严格土地管理的决定》（国发〔2004〕28号）文件精神，土地补偿费的主要部分要给被征地农民。土地出让价格是指土地一级市场中，政府出让国有土地一定年限的土地使用权所收取的土地收益。土地出让价格是由土地竞购者通过竞价的方式确定的，政府在出让土地时往往仅规定出让底价，不设上限。但近几年，为控制房价过快上涨，国土等部门要求各地从严控制异常地价，地方政府对土地价格的上限也做了部分规定。以杭州为例，为控制地价，杭州实行"限地价、竞保障性住房面积"的竞买方式，即设定合理上限价格，当竞买报价达到地块合理上限价格时，不再接受报价，转为在此基础上通过现场投报配建保障性住房面积的方式竞买，投报面积最高者为地块竞得人。土地转让价格是指在土地二级市场中的交易价格。

房屋建筑物价格只在特定的情况下存在，如经济适用房用地一般是行政划拨的，经济适用房的价格一般是不包括地价的建筑物价格。但是，如果经济适用房要上市交易，则政府规定，应补缴土地出让金，此时的价格就不是单纯的房屋建筑物价格。在其他一些具有保障性质的住房类型中，也存在一些仅包括建筑物价格的情况。一般情况下，房与地是不可分割的，房地产价格都是指"连房带地"的综合价格。

（二）按形成方式划分

根据价格形成方式的不同，房地产价格可以划分为理论价格、评估价格和实际成交价格。这里所说的理论价格是经济学理论中认为的房地产"公开市场价值"，即如果将该房地产放到合理的市场上交易，它应该拥有的价格，或者说是真实需求与真实供给相等的条件下形成的价格。市场价格是短期均衡价格，而理论价格是长期均衡价格。在正常市场情况下，市场价格基本上与理论价格相吻合，即围绕着理论价格上下波动。

评估价格是指专业的房地产评估人员根据科学的方法对房地产的市场价值进行估算而得出的价格，其又可称为参照价格。

实际成交价格是指房地产交易双方实际达成交易的价格，因受到供求关系、竞争程度等因素的深刻影响，其又也可称为市场价格。

房地产价格形成方式还可从价格形式的角度进行划分，即利伯维尔场价、政府指导价、政府定价三种类型。

利伯维尔场价是完全由市场自发调节并由企业自主确定的房地产价格。商品房市场价属于这种类型。

政府指导价是由政府物价部门规定基准价格并允许在一定幅度内上下浮动的房地产价格。目前具有社会保障性质的专门供应给中低收入户的经济适用房价格属于这种类型，实际是准商品房价格。

政府定价专指供应给低收入户的廉租住房的租赁价格，尚未出售的公有住房租赁价格也可包括在内，由于其是社会保障性住房，含有政府的房租补贴，所以租金较低。

（三）按计价单位划分

根据计价单位的不同，房地产价格可以分为土地总价、土地单价、房地产总价和房地产单价。土地总价是指出让一宗土地所获得的总收益。土地单价又可以分为每亩单价和楼面价两类，每亩单价即土地总价与土地面积的比值；楼面价则是指每平方米建筑面积所分摊的土地的成本，它的计算公式是楼面价＝土地出让金/（土地面积 × 容积率），因此，楼面价不仅与土地面积有关,还与地块的容积率成反比。

房地产总价是指一套房地产的总价格,即每套价格。房地产单价是指分摊到该套房地产单位面积上的价格。我国房地产单价一般指的是单位建筑面积的价格,建筑面积包括使用面积、建筑物结构面积和公摊面积。而国外的房地产单价一般指的是单位使用面积的价格。因此,两者在进行比较时,应进行折算。

三、房地产价格的地位和作用

(一)房地产价格的基础地位

房地产价格在整个市场价格体系中属于基础价格。从生产领域的角度分析,房地产是一切商品生产的空间和场所,为使这些房地产所支出的价格(包括租金)能得到价值补偿,必然将其纳入生产成本,成为商品价格的构成部分。从消费领域的角度分析,住房消费是劳动力再生产费用中的重要组成部分。任何商品生产都离不开劳动力这个生产要素,劳动力的价格是由劳动力生产和再生产的成本费用来决定的,住房作为最基本与价值量最大的生活资料,必然纳入劳动力再生产成本,因而住房价格作为劳动力要素价格之一,也就影响到商品的生产成本,并最终影响到相关商品的价格。由此可见,房地产价格是整个市场价格体系中非常重要的基础价格之一。

(二)房地产价格的主要作用

房地产价格在市场价格体系中的基础地位,决定了它在市场经济中的作用,具体表现在以下几方面。

①作为基础性价格,房地产价格水平一定程度上决定着市场的总体价格水平。房地产价格作为生产要素价格,既影响商品生产的物质成本,又影响工资成本。房地产价格合理与否,不仅决定着生产成本和一切商品市场价格的真实程度,而且由于住房的价值量大并在家庭消费支出中占有较大比重,因此住房价格在全社会消费价格中的权重相应较大,对整个市场消费价格也具有决定作用。

②价格作为市场经济最重要的调节机制,还发挥着调节房地产市场供求总量和结构的重要作用。房地产价格可以调节房地产供求关系,商品房价格高,开发商有利可图,从而增加开发量,由此增加供给,而商品房价格高,消费者减少购买,也会缩小需求;反之商品房价格低,开发商无利可图,就缩减开发量,由此减少供给,而商品房价格低,促使消费者购买,又会增加需求,这样就可以利用价格杠杆调节商品供求,实现供求总量平衡。

与此同时，不同类型、不同层次的房地产价格结构的合理化，还可以促使商品房供给结构与消费结构相适应，从而达到房地产结构平衡。

在这里，房地产价格机制与供求机制是交互作用、共同发挥其调节功能的。

③住房是重要的消费资料，住房价格对调节居民的生活水平有重要的作用。住房价格高，居民承受能力低，居住水平和居住质量会下降。

四、房地产价格的决定

房地产价格是房地产市场运行的中心，它关系到房地产所有权与使用权在经济上的实现，关系到房地产市场的运行秩序，关系到房地产资源的优化配置。在市场经济条件下，房地产商品的价格及变化趋势由供给与需求共同决定；反之，房地产商品的价格水平及变化又引导供求数量的调整。房地产供给是市场条件下房地产的生产者或持有者（针对二手房市场和租赁市场来说）愿意并且能够提供给市场的房地产数量，它反映出市场条件与生产者或持有者供应意愿之间的对应关系。而市场条件主要包括房地产价格、生产要素价格、技术与管理水平、市场价格预期、政府税收和产业政策等。房地产需求是指在一定市场条件下消费者愿意并且能够购买或者承租的房地产数量，它反映着市场条件与需求者购买意愿之间的对应关系。这里的市场条件主要包括房地产价格、需求者收入水平、相关商品的价格（譬如建材、家具等互补品）、消费者偏好、厂商营销手段和价格预期等。市场供求机制就是指当房地产商品的供给大于需求时，逐渐形成买方市场，此时价格下降，供给减少，需求上升，最终供需均衡，价格重新回到均衡；当房地产供不应求时，形成卖方市场，价格上升，供给增加，需求减少，最终再达到均衡。市场机制运行的结果是房地产价格最终趋向于市场均衡，也称为市场出清，即不存在超额需求或超额供给。

第二节 房地产价格体系及房地产价格评估

一、房地产商品的生产价格

从房地产开发企业的财务核算上看，房地产价格主要由房地产开发成本和利润两大部分构成。其中，房地产开发成本是指开发企业在开发和销售房屋的整个过程中发生的土地取得、建筑安装、市政配套、营销管理等各种支付。利润是指房地产开发企业在销售房地产的收入中扣除成本和税金以后的余额，利润总额往往由营业利润、投资收益和营业外收支差额三部分构成。开发成本是决定开发企业回报及下一生产周期房地产供应的重要因素。只有房地产价格等于或大于开发成本，开发商才能补偿耗费的资金，开发活动才能够持续进行下去。开发成本的构成是以生产费用为理论基础的成本价格的组合，它与市场价格有所区别。

房地产开发建设涉及较多环节，所以最终的开发成本的构成包含很多内容，并且在不同国家或地区也表现出较大差异，下面以中国住宅开发为例加以分析。从开发企业的经营核算来看，中国住宅的成本价格主要包含但不限于以下几部分。

（一）土地取得费用

从商品价格构成的角度分析，房地产价格是由成本和利润两大部分构成的，但由于房地产的物质要素比较复杂，因而其物质成本的构成也包含了多方面的内容。房地产是房和地的结合体，地是房屋的物质载体，广义的房地产开发物质成本不仅包括建筑安装费用，同时也包括土地取得的费用。土地使用费表现为土地价格，所以这里的分析，首先从土地价格开始。

根据马克思主义经济原理，土地价格是地租的资本化，在现实生活中还常表现为人们对所取得土地的占有、使用、收益和处分的权利而支付的费用。马克思认为，土地价格的实质是资本化的地租。他指出，土地价格"不是土地的购买价格，而是土地所提供的地租的购买价格，它是按普通利息率计算的"。

土地价格，即一定年数的地租，或者说，一定年数地租的总额。这就是理论上地价的内涵。但是，由于现代生活所使用的土地通常都不是纯自然的土地，而是经过人类开发的土地，所以土地价格的构成比理论地价复杂。

城市土地的土地使用者为了获得占有、使用、收益和处分土地的权利，不仅要向土地所有者缴纳地租，还要对土地所有者已投入土地的人类劳动（表现为资本）及其支出，进行价值补偿。其实际地价的价格构成包括：一定年数的地租总额、土地开发成本和土地开发利润三部分。其中，一定年数的地租总额包括绝对地租、级差地租Ⅰ全部、级差地租Ⅱ部分（主要是过去很长时期内在某块土地中积累的劳动投入所产生的级差地租）。土地开发成本主要指在土地交易近期投入到土地中的资本，如动拆迁费用、"七通一平"成本、地块内基础设施配套成本。土地开发利润则是指投入土地开发的成本应获得的利润。

土地取得成本一般是指购置土地的价款和在购置时应由买方缴纳的税

费。根据房地产开发取得土地的途径不同，土地取得成本包括下列三种形式。

①农地征用费＋土地使用权出让金。当取得用地为征用农地时，土地取得成本主要包括农地征用费和土地使用权出让金。

农地征用费是指国家征用集体土地而支付给农村集体经济组织的费用。农地征用费包括征地补偿费、地上附着物和青苗补偿费、菜地开发基金与安置补偿费等。

②城市房屋拆迁安置补偿费＋土地使用权出让金。当需要在城市中进行房屋拆迁而取得土地时，土地取得成本主要包括城市房屋拆迁安置补偿费和土地使用权出让金。

城市房屋拆迁安置补偿费一般包括原有房屋及附属物补偿费、购置拆迁安置用房费、安置补助费、房屋拆迁管理费、房屋拆迁服务费与拆迁过程政府规定的其他有关税费等。

③购买土地的地价款＋应缴纳税费。当在城市土地市场上直接购买土地使用权取得土地时，土地取得成本主要包括相应方式购买土地的地价款和应缴纳税费。

（二）开发费用

开发费用主要包括以下几部分。

1. 前期工程费

前期工程费主要是指房屋开发的前期规划费、设计费、可行性研究费、地质勘察费及"三通一平"等土地开发费用，它在整个成本构成中所占比例一般相对较低。

①房地产开发项目的规划、设计、可行性研究等费用，一般可以按项目总投资额的百分比估算。通常规划及设计费为建筑安装工程费的3%左右。水文地质勘探费可根据所需工作量结合有关收费标准估算

②"三通一平"等土地开发费用主要包括地上原有建筑物、构筑物拆除费用，场地平整费和通水、通电、通路的费用等。

2. 基础设施建设费

其包括供水、供电、供气、排污、道路、路灯、绿化、排洪、电信、环卫等工程建设费用，以及各项设施与市政设施干线、干管、干道的接口费用。

3. 建筑安装工程费

其包括建筑工程费（结构、建筑、特殊装修工程费）、设备采购及安装工程费（给水排水、电气照明及设备安装、空调通风、弱电设备及安装、电

梯及安装、其他设备及安装等）和室内装饰费等。

4. 市政公共设施费用

市政公共设施费用包含基础设施建设费和公共配套设施建设费两部分。

（1）基础设施建设费

基础设施建设费又称红线内工程费，包括供水、供电、供气、道路、绿化、排污、排洪、电信、环卫等工程建设费用。

（2）公共配套设施建设费

公共配套设施建设费用是指在建设用地内建设的为居民提供配套服务的各种非营利性公用设施（如学校、医院、派出所等）和各种营利性的配套设施（如菜市场等商业网点）所发生的费用。同时还包括建设一些诸如燃气调压站、变电室、自行车棚等室外工程所发生的费用。

5. 贷款利息

房地产因开发周期长，投资数额大等原因，必须借助银行的信贷资金。在开发经营过程中通过借贷筹集资金而应支付给金融机构的利息是开发成本的一个重要组成部分。贷款利息的大小与所开发项目的大小，以及融资额度的多少等因素具有密切关系，其所占成本构成比例相对不稳定。

6. 税费

税费包含税收和行政性费用两部分。

（1）税收

与房地产开发建设有关的税收，包括房产税、城镇土地使用税、耕地占用税、土地增值税、两税一费（营业税、城市维护建设税和教育费附加）、契税、企业所得税、印花。

（2）行政性费用

行政性费用主要是指由地方政府和各级行政主管部门向房地产开发商收取的费用，主要包括征地管理费、商品房交易管理费、大市政配套费、人防费、煤气水电增容费、开发管理费等。

7. 其他工程费

其包括临时占地费、施工图预算或标底编制费、工程合同预算或标底审查费、招标管理费、总承包管理费、合同公证费、施工执照费、工程质量监督费、工程监理费、竣工图编制费、工程保险费等费用。

（三）管理费用

这部分费用主要包括公司经费、工会经费、职工教育培训经费、劳动保险费、待业保险费、董事会费、咨询费、审计费、诉讼费、排污费、房地产税、土地使用税、开办费摊销、业务招待费、技术转让费、技术开发费、无形资产摊销、坏账损失、报废损失及其他管理费用。

（四）利润

如果房地产开发企业把房地产卖出去，在它的综合造价中还必须加上销售费用，以及流通中的税金和利润。对于房地产开发企业来说，这就是出售价格，对于房地产经营企业来说，这就是它们的进货价格。

二、房地产商品流通价格

在房地产交易市场上，房地产的交易可以采取两种不同的方式，即房地产的出售和房地产的出租。因此房地产的价格可以分为出售价格和租赁价格。房地产的出售价格，就是房地产开发企业向社会销售房地产商品的最终价格。房地产商品的出售价格由以下部分构成，即房地产商品的进价+流通成本+税金+利润。

房地产租赁价格就是租金。房地产的租赁价格，是房地产所有者分期出售房地产的使用权得到的价格补偿。它也是房地产市场价格的一种主要形式。根据马克思的劳动价值理论、固定资本折旧理论和固定资本更新理论，房地产的租金是在房地产的生产、维修、管理过程中所耗费的全部劳动决定的。具体地说，房地产租赁的理论价格是由折旧费、维修费、管理费、利息、税金、地租、利润、保险费构成的。

三、房地产价格评估概述

房地产价格的影响因素可分为个别因素、社会因素、经济因素、区域因素和法制因素。房地产价格评估就是在综合考虑以上各种因素的情况下，估算出市场经济条件下房地产的销售价格。中国的房地产价格评估是随着土地使用制度的改革和住宅商品化的进程而逐渐发展起来的，它在市场发展历程中日益发挥重要的作用。房地产价格评估是房地产市场价格管理的核心，发挥着重要的作用。它能够预算出现有存量市场中的房地产价值量，为管理工作提供依据；能够为房地产交易提供基础价格；能够帮助确定房地产抵押品的价值；它还是国家征收房地产税费及进行房屋拆迁补偿的根据，等等。

（一）房地产价格评估

不同国家对房地产价格评估的称呼不尽相同，在美国其被称为"real estate appraisal"在英国是"property valuation"在东亚一些国家和地区（如日本、韩国等）则变成"不动产鉴定（估价）"；中国香港的称呼是"物业估价"；中国内地的叫法也多种多样，常见的有房地产评估、房地产价值评估、房地产价格评估、房地产估价，其实这些称呼都指代房地产价格评估这同一实践活动。

1. 房地产价格评估的含义

房地产价格评估可简单理解为对房地产价格的判断或估算。大多数房地产价格评估的目的是估算所谓的市场价格，即房地产在开放的竞争市场上最有可能的销售价格。房地产价格评估的核心内容是根据特定目的，对特定房地产产品，在特定时间的价格进行分析、测算和判断。为保证这种分析、测算和判断的科学、准确、客观及公正，这不仅要求从事这种工作的人员是专业的房地产估价师，而且要求在分析、测算和判断过程时遵守公认的原则，运用科学的方法、按照严谨的程序进行。这里所讲的特定目的称为估价目的；特定房地产称为估价对象；特定时间称为估价时点；公认的原则称为估价原则；科学的方法称为估价方法；严谨的程序称为估价程序。

基于以上分析，给出房地产价格评估的含义：房地产价格评估是房地产估价师根据估价目的，遵守估价原则，运用估价方法，按照估价程序，对估价对象在估价时点的特定价格进行分析、测算和判断，并提出专业意见的活动。房地产价格评估按评估对象的种类，可分为房产评估、地产评估、房地产评估；按评估对象的完整性，可分为单项评估与整体评估。

2. 房地产价格评估的特点

房地产价格评估是不同于一般资产的估价行为，具有一些典型的特点。

（1）科学性

尽管房地产价格受到诸多因素影响，但是通过评估人员的长期理论研究与估价实践业已形成了一些基本的估价理论。其中包括地租理论、市场供求理论、购买者行为理论和生产费用理论等。在这些理论基础上又形成了一些科学的量化评估方法，即常用的市场比较法、收益折现法、成本法等。基于这些严谨的科学理论及行之有效的评估方法，房地产价格评估行为不再是评估者的主观臆测，而是建立在客观依据基础上的，具有较强的科学性的行为。

（2）艺术性

房地产价格评估尽管具有量化计算的理论基础，但每次的评估行为并不能仅依靠这些书面理论。房地产市场价格的形成因素复杂，简单的数学公式难以准确、完整表示。所以，房地产价格评估还需要评估者的一些经验判断，这其中就体现出一定的艺术性。艺术性主要表现为房地产价格评估需要很强的推理与判断能力。丰富的评估经验是顺利评估的前提，在经验基础上合乎逻辑的推理判断能力则在很大程度上体现了房地产评估师的水平。

（3）综合性

优秀的房地产估价人员除了需要具备评估的综合性知识，掌握估价的各种方法、相关法规、房地产经营管理知识之外，还要熟悉规划、建筑结构、预算等。房地产价格评估的过程涉及面很广，如建筑物的重置成本、折旧、税费、未来的升值潜力等。价格评估需要收集很多相关的信息，需要评估师、结构工程师、建筑师及规划师等人员协同作业。

（二）房地产价格评估的原则

房地产价格评估的原则由房地产的自然特征、经济特征及房地产价格的影响因素共同决定，它是房地产价格的形成与变化规律的简要概括。其主要原则如下。

1. 供求原则

房地产作为一种商品遵循供求原则，其价格与需求成正比，与供给成反比。在实际的房地产价格评估中，估价人员要深刻地了解这些经济学特性，以便对价格做出正确判断。由于房地产商品的独特属性，以及市场的种种限制，房地产市场与一般市场相比具有较大的垄断性。另外，土地资源的限制、市场信息的不通畅等因素也影响供求机制。这些特点要求估价师在进行供求分析时，要深入分析一宗房地产的区位等特性，否则评估将导致错误的结果，失去其有效性。进行供求分析时，还要考虑到供求原则不是单独作用的，还应与替代原则及竞争原则等密切配合，综合应用。

2. 机会成本原则

机会成本是人们为了购买或生产某种物品而所要放弃另一些物品的最大价值。例如，投资者选择购买房地产的条件是租金收益要大于或者等于市场上平均的投资收益，否则没有投资者愿意购买房地产。当收益不足以支撑购买行为时，大多数人将选择租赁。投资者通过市场调查和收益分析，并根据机会成本的原则选择对自己有益的方式。在房地产价格评估中，需要时刻牢记任何稀缺资源的使用，不论在实际中是否为之支付代价，总会存在机会成本，即为了这种使用所牺牲掉的其他使用能够带来的益处。

3. 替代原则

基于"理性人"的前提假设，消费者在购买商品的时候都会选择效用大并且价格较低的。在房地产市场上，类似商品的价格相互影响、相互制约，并在不断波动中最终彼此趋近,这就是替代原则。房地产作为一种商品受到这一原则的影响,它是在使用市场比较法进行价格评估时的重要依据。房地产价格评估中的替代原则可概括为:其一,房地产价格水平由具有相同性质的替代性房地产的价格所决定;其二,房地产价格水平是由最了解市场行情的买卖者按市场的交易实例相互比较后所决定的价格;其三,房地产价格可通过比较房地产的条件及使用价值来确定。

4. 竞争原则

价格由市场竞争决定,而市场形态对商品价格的影响很大,如完全竞争市场上,供求双方都不能得到平均利润之外的超额利润。房地产业处在一个非完全竞争的市场上存在一定程度的垄断性,其价格往往要超出投资的平均利润率,由此吸引很多投资者进入。正是由于房地产的这一特性,所以在供给上往往不存在充分竞争,竞争主要发生在需求方。需求方内部的竞争使价格不断提高,需求方的竞争越激烈,价格上涨的幅度就越明显。对于不同的物业类型来说,其替代品的相对数量决定了供求竞争的程度,也会对价格产生重大影响。

5. 时点原则

房地产市场是不断变动的,相关信息资料也随着条件、环境和个别因素的变动而产生变化。在进行评估时必须假定市场情况静止在某一时间点上,以此来收集数据进行价格分析。这一确定估价的时点也就是评估基准日,这一时点的确定说明了所选择的有关评估方面的法律、法规、标准等均以基准日之前为标准,无论基准日之后国家政策如何变化都不能影响此次评估的结果。这也同时说明了房地产评估具有很强的时效性。

6. 合法原则

合法原则是指房地产价格评估必须以估价对象的合法利用为前提。此原则要求估价人员在对一宗房地产进行评估时,必须要以法律法规为依据。房地产估价要求必须以评估对象的合法权益为前提进行。中国现行的土地权属证书有《国有土地使用证》、《集体土地所有证》、《集体土地使用证》和《土地他项权证明书》四种,房屋权属证书有《房屋所有权证》、《房屋共有权证》和《房地产他项权证》三种。在某些情况下,房产证与土地产权证合而为一,此时统一的房地产权属证书有《房地产权证》、《房地产共有权证》和《房地产他项权证》三种。此外,估价人员还要注意房地产的合法使用,必须以城市规划、土地用途管制等法规为依据。

7. 变动原则

变动原则主要是指在对房地产价格的把握上要以变动为基础，估价时必须分析该房地产的效用、稀缺性、个别性及有效需求，以及使这些因素发生变动的一般因素、区域因素及个别因素。无论采用何种估价方法，评估结果能否客观准确地反映评估对象的市场价格，在很大程度上取决于评估者对变动原则的把握。与其他商品相比，房地产价格的变动更加频繁和复杂，主要是由于其价格构成复杂，影响因素众多。

8. 适合原则

适合原则也被称为最有效利用原则。房地产价格由供求决定，而市场供求往往指向房地产效用的最有效发挥。若房地产适应周围的环境，则房地产的收益或效用能够最大限度发挥，其价格处于最佳水平。反之，若房地产与周围的环境不协调，则因其无法移动，加之中国土地的所有制特性，土地流转过程是土地使用权的流转，在土地使用权的取得、使用年限、利用方式、利用规划面，政府均有严格控制，所以在进行土地使用权价格评估时，必须确保估价对象来源合法、利用合法。

四、房地产主要比价关系

（一）用途相同、标准不同的房屋价格比例

房屋用途或性质相同，采用的建筑标准不同，建筑工程造价就有相当大的差别。一般来讲，标准高者造价高，标准低者造价低。房屋的出售或租赁价格应反映这一差别。

（二）用途相同、结构不同的房屋价格比例

用途相同而结构不同、类型不同的房屋造价差异很大。砖木结构低于砖混结构，砖混结构低于钢结构等。房屋价格比例应反映造价的差别，还应符合国情，从而促进新型结构和先进施工方法的推进。

（三）用途相同的房地产价格比例

要综合考虑使用方向、具体用途、空间位置等对房地产经济收益的影响，合理确定不同生产经营用地和用房的价格比例，特别是生产经营用房、住宅用房及教科文卫用房三者价格的比例。

（四）住宅用房的租售比价

住宅房屋租售比价是指租赁价格与出售价格的比例。租售比价是否合理，

不仅直接影响房屋的出售和租赁两种经营方式的比例关系，还影响整个房地产经济的运行。在旧体制下，长期以来房屋福利产品论盛行，既不承认房屋是商品，又实行低租金制，致使租房租金之和小于购房价格，使消费者多数选择租房，而不选择购房。

第三节　房地产价格的影响因素

一、经济因素

影响房地产价格的经济因素主要是国家、地区或城市的经济发展水平经济增长状况、收入分配机制、就业情况、居民收入水平和金融状况等。一个国家或地区的经济发展水平越高、经济增长越快、收入分配机制越合理，居民的收入水平就越高，居民的购房能力就越强，房地产市场的有效需求就越大，旺盛的商品需求就会推动房地产价格上涨。改革开放之后，我国居民收入水平大幅度提高。1978 年，我国居民家庭人均可支配收入仅为 343.4 元，2018 年已达到 28 228 元，增加了 80 多倍，为居民改善住房条件提供了扎实的物质基础。

当前我国的房地产价格区域差异性显著，北京、上海、广州、深圳等一线城市的房价与一般城市的房价存在巨大的差异。中国统计局数据显示，2018 年，全国商品房平均销售价格为 171 654 元 / 平方米，这也说明经济因素对房地产价格的影响是显著的。

商品住宅市场是在国内总体经济背景下的市场，当然会受到国内经济的影响，GDP 可作为国内经济状况的代表数据。在一个国家经济起飞时，随着国民经济或人均 GDP 的增长，房地产业以高于人均 GDP 的增长速度，加速增长；但是随着人均 GDP 的进一步增长房地产业发展速度逐渐放慢，直至与人均 GDP 同速，甚至低于人均 GDP 的增长速度，其发展轨迹呈倒 U 形曲线。我国正处在经济起飞阶段，事实表明随着人均 GDP 的快速增长，房地产的需求不断上升，甚至超过人均 GDP 的增长速度，需求的旺盛，自然导致价格的上升。

约束房地产有效需求的关键因素是城镇居民的人均年可支配收入和储蓄。储蓄是长期的对收入的储存，从长期而言，收入增长才是推动房地产市场需求的最重要原动力。假设在一般消费品与房地产消费两者之间的消费偏好不变，也就是说无差异曲线不变，人均年可支配收入和储蓄增加意味着预算线右移，切点（消费者均衡点）会出现在效用更大的无差异曲线上，住宅的需求会增加。

商品住宅不仅仅是具有使用价值的商品。而且是一种投资品，不是第二套以上的住宅而是所有的住宅都是投资，它本身就是一种资产，它不仅动用了人生和家庭最大一笔资金，甚至还要向银行贷20年乃至30年的款，其实自住也是投资，而且有的人买了住宅并不自住，而是租赁以收取租金，自己另外租住较便宜的房屋来赚取差价。我国的市场经济还不发达，我国目前的投资渠道主要有：股票、债券、外汇交易、房地产、黄金珠宝、期货、基金、保险、收藏。其中，期货、收藏需要专业的知识，大多数人都不能在短期内具备；股票、外汇交易的风险很大；债券、基金收益比较稳定，但同时收益也较低；黄金珠宝虽说可保值升值，但首饰类黄金珠宝实际是有价无市，即使升值，个人手上的首饰也难以高价卖出，近年国家放开了黄金市场，黄金的投资也有风险；而保险一般是作为终身投资，没有现实的当前收益。而我国房地产10多年来价格一路上扬，近年的年增长速度有的城市超过10%，甚至达到20%，这使房地产实际上成为我国最具有投资价值的实体产品。随着经济的发展，投资需求也在增长，而且储蓄的利率太低，又要缴纳利息税，如果再考虑通货膨胀因素，资金存在银行已经是负增长。综合以上因素，投资需求的增加推动有效需求的增加，从而使房价升高。

经济在其发展过程中，会不可避免地出现周期性波动。一般来说经济周期的表现形式如下：复苏—扩张—繁荣—衰退—萧条，如此往复循环。在经济周期中，对房地产这类极耐用品的影响最大。当经济处于衰退之中时，房地产需求下跌，房地产价格下降；相反，在经济高涨和扩张阶段，房地产市场逐渐兴旺，需求增加，房地产价格上升。

二、建筑因素

建筑因素是指房屋的面积、建筑年龄、建筑布局、建筑朝向、建筑质量、装修程度、建筑外观等与建筑物本身相关的因素。房地产总价等于单价乘以建筑面积，因此建筑面积越大，房地产价格越高。而随着建筑年龄的增加，建筑材料出现老化现象，建筑的使用价值降低，房地产价格也会随之下降。但房地产市场中，一些老房子的价格比当初新房的价格还要高，这部分价值的增值来源于土地的增值，而非建筑物本身。土地的价格会随着周边配套设施的改善而上涨，由此带动房地产价格的升高。房屋的朝向也会影响房价，在我国，朝南的住宅就比朝北的住宅舒适，因而价格也高。建筑布局是否合理紧凑，建筑外观、通风条件是否良好，以及建筑装修的档次等，都会影响房地产的价格。

三、社会因素

影响房地产价格的社会因素主要包括以下几个方面。

（一）政治安定状况

如果政局稳定，社会安宁，有利于增强投资者购买房地产的信心，这是保持房地产价格稳定的积极因素，还有可能促使房地产价格上升；相反，政治不稳定，社会动荡频繁，必然造成房地产价格低落。

（二）社会治安状况

社会治安状况是指偷盗、抢劫、杀人等方面的刑事犯罪情况。由于社会治安的不平衡性，一般来说，一个国家[或省（自治区、直辖市）或大城市]的社会治安状况与一个城市（或城市的一个地区）的社会治安状况是不相同的，因此，按影响范围的大小，可进一步区分为一般社会治安状况和区域社会治安状况。对某一具体房地产价格影响大的是区域社会治安状况。房地产所处的地区，若治安混乱，经常发生刑事犯罪案件，则人身安全及财产缺乏保障，长此以往，必然造成房地产价格低落。

（三）城市化发展水平

改革开放以来，我国的城市化进程十分迅速，城市化水平不断提高。城市化一词一般有四个含义：城市中心对农村腹地影响的传播过程；全社会人口逐步接受城市文化的进程；人口集中的过程，包括集中点的增加和每个集中点的扩大；城市人口占全社会人口比例提高的过程。从影响房地产价格的一般意义上说，城市化意味着人口向城市地区集中，对城市房地产的需求持续地增加，从而带动城市房地产价格上涨。

（四）宏观调控因素

当前，房价过高、房价上涨过快问题是我国房地产业的核心问题。房价过高，大量居民缺乏购房能力，市场有效需求不足，同时还意味着房地产业存在一定程度的泡沫，对国家的金融、经济安全带来影响。

近几年，为抑制房地产价格的过快上涨，中央和地方政府密集出台了系列调控政策。2010年，国务院发布《国务院关于坚决遏制部分城市房价过快上涨的通知》（简称"新国十条"），要求国土资源部对房价上涨过快的城市增加居住用地的供应总量；税务部门对定价过高、涨幅过快的房地产开发项目进行重点清算和稽查；商业银行对住房价格过高、上涨过快的城市，可根据风险状况，暂停发放购买第三套及以上住房贷款；建立政府考核问责机制,稳定房价和住房保障工作实行省级人民政府负总责、城市人民政府抓落实的工作责任制。

2011年1月,国务院常务会议再度推出八条房地产市场调控措施(简称"新国八条"),要求2011年各城市人民政府根据当地经济发展目标、人均可支配收入增长速度和居民住房支付能力,合理确定本地区年度新建住房价格控制目标,并于一季度向社会公布;各直辖市、计划单列市、省会城市和房价过高、上涨过快的城市,在一定时期内,要从严制定和执行住房限购措施。

2018年7月31日中共中央政治局召开会议,又带来了一个很重要的有关房子的文件。

这些政策措施,对控制房价非理性上涨起到了一定的效果,但行政干预性过强,尤其是限购限贷政策,对房地产市场影响较大。一定的行政干预在特殊时期是必要的,但为了促进房地产市场的持续健康发展,迫切需要建立房地产市场调控的长效机制。

(五)房地产投机行为

房地产投机是指投机者期望并利用房地产价格的变动获得超常利润的行为。房地产投机对房地产价格的影响归为三种情况:当房地产供不应求时,因为投机者的抢购而哄抬房地产价格;当房地产供过于求时,因为投机者的抛售而使房地产价格更为下跌。但在某些情况下,房地产投机可能起着稳定房地产价格的作用:当房地产价格低落时,怀有日后房地产价格会上涨心理的投机者会购置房地产,以待日后房地产价格上涨时抛出。这样就会出现,当房地产需求低迷时,投机者购置房地产,造成房地产需求增加,从而抬高房地产价格;而在房地产需求旺盛时,投机者抛售房地产,增加房地产供应,从而平抑房地产价格。

四、行政因素

行政因素主要是国家或地方政府在财政、税收、金融、土地、住房、城市规划与建设交通治安、社会保障等方面的一些制度、法规、政策和行政措施。行政因素对房地产价格的影响作用也比较突出,并且行政因素对房地产价格影响作用的速度相对较快。国家通过货币和财政等经济政策影响房地产投资,间接影响其价格。一般来说,房地产投资规模大,回收期长,完全依靠自身的资金显然是不明智的,只能依靠银行信贷或抵押贷款等方式集资。如果在某一时间,经济、人口等其他影响需求的因素不变,房地产供给量也不变,那么房地产需求只与银行的贷款支持力度有关。银行的支持力度越大,即贷款的额度越大，利息率越低，人们的购买力也越大，房地产的有效需求就会越高，反之则使有效需求减少。税收也是国家宏观调控的重要手段，向消费者征收的税费直接影响购房的费用、投资者的利润空间，与有效需求呈负相关关系。向开发商征收的税费，由于我国当前的房地产市场是卖方市场，税收的后转性强，开发商容易将增加的税款向消费者转嫁。低的税收会刺激商品住宅的需求，尤其是投资需求，从而也会引起房地产价格的上升，高的税收则相反。当然，住房制度对房地产价格也有很大的影响，有时是根本的影响。例如，我国的商品住宅市场不是自然形成的商品市场，本身就是住房制度改革的产物。住房保障制度对房地产价格也有一定影响，如我国的经济适用房政策，增加经济适用房的供应，必然会减少部分有效需求。

五、环境因素

环境因素包括自然环境和社会环境两部分。自然环境是指建筑物周边的各种自然因素的总和，如地质、地貌、气象、水文、环境污染、空气质量等因素。随着收入的增加，人们对生活品质的要求越来越高，这些因素对房地产价格的影响也越来越大。社会环境是指建筑物周边的各种人工环境，如学校、医院、邮局、银行、商场等配套设施的完善程度，以及交通的便利性等。不同的人群对不同的配套设施有不同的偏好。例如，重视教育的家庭会选择优质的学区，愿意为孩子获得优质教育付出更多的购房成本，这是重点学区房价格远远高于非学区房价格的原因。老年群体在选择住房时会重点考虑与医院的距离，年轻人群体则会比较关注商场、购物中心等的远近，以及与上班地点的距离。从总体上看，自然环境越好，配套设施越完善则房地产价格越高。

（一）区位

房地产所处区位是房地产所处位置的反映。房地产区位的优劣，直接关系到其所有者或使用者的经济收益、社会影响和生活满足程度。因此，房地产区位的不同，其价格也会有较大的差异。尤其是城市土地，其价格高低几乎全被区位优劣所左右。因此，关于房地产有句名言："第一是区位，第二是区位，第三还是区位。"虽然区位并不能代表房地产的一切，但是这句话强调了对于房地产这种不可移动的物品，其区位的极端重要性房地产区位优劣的形成，一是先天的自然条件，二是后天的人工影响。房地产区位优劣的判定标准虽然因不同的用途而有所不同，但在一般情况下，凡是位于或接近经济活动中心、要道的路口，行人较多、交通流量较大的房地产，价格一般较高。反之，处于闭塞街巷、郊区僻野的房地产，价格一般较低。具体一点来说，居住房地产的区位优劣主要是看其周围环境、交通条件、公共服务设施完备程度等。其中，别墅的要求是接近大自然，环境质量优良，居于其内又可保证一定的生活私密性。商业房地产的区位优劣，主要是看其繁华程度、交通条件、临街状况等。办公房地产的区位优劣，主要是看其商务环境、交通条件等。工业房地产的区位优劣，通常需要视产业的性质而定，一般来说，凡是有利于原料和产品的运输，便于动力取得和废料处理的区位，价格必有趋高的倾向。

（二）朝向

根据我国独特的地理环境和文化背景，一般而言，坐北朝南的房子价格较贵，东西朝向或坐南朝北的房子相对便宜。

（三）地形和地势

由于地形、地势的平坦、起伏、低洼等会影响房地产的开发建设成本或利用价值，从而影响其价格。一般来说，土地平坦，地价较高；土地高低不平，地价较低。但是，如果土地过于平缓，当坡度低于 0.3% 时，往往不利于地面水的汇集和排除。在其他条件相同时，地势高的房地产的价格，要高于地势低的房地产的价格。地形、地势对房地产价格的影响还表现在：在城市，如果人口剧增、工商业发展很快，土地需求增加，而土地向外发展受地形、地势的限制（如四面临山或有河流阻隔），致使城市土地的经济供给不能做适当比例的增加时，必然会使地价普遍高涨。

（四）土地面积和形状

同等位置的两块土地，由于面积大小不等，价格会有所差异。一般来说，凡是面积过于狭小而不经济实用的土地，价格较低。但在特殊情况下可能有例外。例如，如果某块土地与相邻土地合并后会大大提高相邻土地的利用价值，则该土地的拥有者可能以居奇的心态，待价而沽，而相邻土地的拥有者为求其土地得到有效利用，则可能不惜以高价取得。地价与土地面积大小的关系是可变的。一般来说，在城市繁华地段对土地面积大小的敏感度较高，在市郊或农村则相对较低。土地面积大小的合适度还因不同地区、不同消费习惯而有所不同。例如，某地方市场如果普遍接受高层楼房，则在该地区，较大面积土地的利用价值要高于较小面积土地的利用价值，因而较大面积土地的价格会高于较小面积土地的价格。相反，如果该地方市场仅能接受小型建筑形态，则较大面积土地的价格与较小面积土地的价格差异不会很大。土地形状是否规则，对地价也有一定影响。形状规则的土地主要是指正方形、长方形（但长宽的比例要适当）的土地。由于形状不规则的土地一般不能有效利用，相对于形状规则的土地，其价格一般要低。为改善这类土地的利用，多采用土地调整或重划等措施。土地经过调整或重划之后，利用价值提高，地价立即随之上涨，这充分说明了土地形状对地价的影响。

（五）地质条件

地质条件决定着地基的承载力、稳定性、地下水位等。地基的承载力是指土地可负荷物品的能力，特别是指在保证地基稳定的条件下，建筑物的沉降不超过允许值的地基承载能力。不同的地块，地基承载力可能不同。对于农用地来说，由于一般情况下土地的承载力都能满足要求，所以通常不考虑承载力这个因素。但对于建设用地，特别是对于城市建设用地来说，地质条件对地价的影响较大，尤其在现代城市建设向高层化发展的情况下更是这样。对于建设用地来说，一般情况下，地质坚实，地基承载力较大，有利于建筑使用，地价就高；反之，地价则低。但不同的建筑物，如平房、多层建筑、高层建筑，对地基承载力有不同的要求，因此地基承载力对地价的影响程度也有所不同。现代建筑技术的进步在一定程度上可以克服不良地质条件造成的地基承载力小、不稳定等问题。因此，地价与地质条件关系的实质是地质条件的好坏决定着开发建设费用的高低。建造同样的建筑物，地质条件好的土地所需的地基加固处理等费用低，从而地价高；相反，则地价低。

（六）肥力

肥力，即土地肥沃程度，是土地提供植物生长、繁殖所需要的养分的能力。土地天然就具有不同的肥力，但也可以通过后天的人工施肥或土壤改良使其肥力提高。肥力对农业是极为重要的，但对于其他产业并不一定重要，所以，肥力这个因素主要是影响农用地价格。对于农用地而言，显而易见：土地肥沃，地价就高；相反，土地贫瘠，地价就低。在影响农用地价格的因素中，肥力甚至是最重要的因素，而且越是偏僻的地区，肥力对地价的决定作用越大。

（七）日照、风向、降水量、天然周期性灾害

日照有自然状态下的日照和受人为因素影响下的日照两种。一般来说，受到周围建筑物或者其他物体遮挡的房地产的价格（尤其是住宅的价格），要低于无遮挡情况下的类似房地产的价格。日照对房地产价格的影响还可以从住宅的朝向对其价格的影响中看到。有资料表明，同一街道的商业房地产，因位于向阳面与背阳面的不同，价格也有所差异。因为这能够左右行人往来的多寡，从而影响顾客的多少，间接影响收益的高低。例如，据美国南部商

业区同一街道地价调查的结果，通常背阳面的地价高于向阳面的地价二至三成。但在寒冷地区，向阳、背阳对地价的影响可能相反，向阳面的地价一般要高于背阳面的地价。农地中的坡地，阴坡地与阳坡地的价格差异也很明显。房地产价格与风向的关系在城市中显得比较突出，上风地区的房地产价格较高，下风地区的房地产价格一般较低。

把降水量与地势结合起来看，对房地产价格的影响比较明显。地势虽然低洼，但如果降水量不大，则不易积水，从而地势对房地产价格的影响不大；反之，降水量大时，地势对房地产价格的影响就大。

凡是有天然周期性灾害的地区，如有天然周期性水灾的江、河、湖、海边，土地利用价位低，甚至不能利用。如果勉强利用，一旦天灾袭来，人们的生命财产都无法保障。因此，这类土地的价格必然很低。但这类土地上一旦建设了可靠的防洪工程，不再受周期性灾害的影响，其价格会逐渐上涨。甚至由于靠近江、河、湖、海的缘故，可以获得特别的有利条件，如风景、水路交通，从而这类土地的价格要高于其他土地的价格。在同一城市中，不同区域或地段的空气污染状况、水源洁净状况、交通便利状况、绿化程度等是各不相同的，即使在同一区域内各种建筑物的周围环境和小气候也不尽相同，从而会对当地房地产价格产生影响。

（八）视野

面临公园、湖泊等优美风光，视野较佳，使人感到生活在这种房屋内轻松自然，这种房屋价格一般较贵；而面临都市、视野较差的房屋，即使与前者在同一栋楼其价格也相对会便宜一些。

（九）材料及设备

房地产由建筑材料构成，不同档次的建材价格差异较大，如木制门窗同铜铸门窗、高级铝制门窗的价格差很多；瓷砖地面与大理石、花岗岩地面难以比拟；进口的厨房设备、卫生设备往往比国产贵几倍。

（十）设计

户型、室内格局、公共设施配置、开放空间、休闲空间的设计都可提高房地产质量品质，从而提高房地产价格。

（十一）市政基础设施条件

市政基础设施条件主要包括：一是交通运输设施、邮电通信设施和给排水设施等，这些设施完善与否直接影响当地企业生产经营和居民的生活条件，因而会在很大程度上影响房地产价格；二是公共建筑配套设施条件，主要包括商业服务设施、文化教育设施、体育娱乐设施和医疗卫生设施等。这些配套设施条件越好，当地房地产价格往往越高；反之价格越低。

（十二）建筑物的结构、内部格局、设备配备和施工质量等

如果建筑物结构合理、设施齐全、质量优良，建筑物价格就高。建筑物外观，主要包括建筑式样、建筑风格和颜色等。建筑外观漂亮、新颖，建筑物价格就高。此外，如果建筑物的日照条件较好，通风适宜，其价格通常较高。

第五章 现代房地产经济周期与房地产泡沫

房地产经济学一直以来都是理工科的重要学习内容。再加上房地产近年来一直都是社会上的重点讨论话题,本章以现代房地产经济周期与房地产泡沫为题,进行研究。希望为房地产经济学的发展做出一定的贡献。

第一节 经济周期概述

一、经济周期基本理论

(一)经济周期的含义

要研究房地产经济周期,首先必须理解经济周期理论的要义。经济学中关于经济周期的研究,已有很多年历史,直到当代仍然是各国经济学家关注的问题。马克思关于经济周期的理论,揭示了资本主义条件下经济周期性波动的规律性及其成因,但其基本原理具有普遍的适用性。

一般来说,经济周期是指国民经济整体经济活动随着时间的变化而出现的有规律的扩张和收缩。马克思在他的经济理论中,将相邻两次危机之间的经济运行过程,看成一个经济周期,或者说,从第一次经济危机开始,到第二次经济危机爆发之间,定义为一个经济周期。每个经济周期都将经历危机、萧条、复苏和高涨四个阶段。

(二)经济周期的学术表述

现代经济周期理论认为,经济周期是建立在经济增长率的相对变化之上。其所指的经济周期是指经济增长率上升和下降的交替运动过程。经济周期理论主要是对经济周期产生的原因进行剖析的理论,其要点有经济周期的阶段、经济周期的类型和经济周期的成因。

经济学家普遍把经济周期划分为四个阶段,即复苏增长、繁荣扩张、萧条持平和衰退收缩。经济周期的最低点被称为"波谷",最高点被称为"波峰"。复苏增长和繁荣扩张阶段是总需求和国民经济活动的上升时期,同时伴随的是国民经济其他变量的上升。而萧条持平和衰退收缩阶段则是总需求和国民经济活动的下降时期,同时伴随的是国民经济其他变量的下降。虽然各个变量上升或下降的速度和时间先后可能有很大差异,即没有定期性,但在经济周期的扩张阶段或低落阶段,相应的上升或下降趋势十分明显。

人们对经济周期的认识和把握对国民经济的发展是相当重要的,一方面要承认经济周期存在的客观必然性;另一方面要进行深入细致的研究,提出一定的理论来解释经济周期的产生和运动,并通过一定的模型来预测经济变动。对经济周期相关概念与内容的把握对于我们来说,具有重要意义。

二、西方经济周期理论

一个完整的、有说服力的、能够用于解释和预测社会经济运动的经济周期理论,应当能够说明经济体系本来具有产生周期性波动的功能,并能够评价波动,其原动力来自外界的冲击。在经济周期理论中,乘数和加速数模型即符合上述条件。这种周期理论认为,在影响经济波动的各种经济变量中,投资变量起着相当关键的作用。

关于经济周期的成因,各国经济学家有着各自不同的观点。其中主要的理论观点有,有效需求不足、投资状况的变化、货币信用的过度膨胀、对未来预期信心不足等。这些观点都力图从一定的角度来解释经济周期的原因,以便采取相应的对策。马克思则更着重从资本主义经济制度及内在经济矛盾分析资本主义国家经济危机的成因,以揭示出资本主义国家经济危机产生的客观必然性。下面就西方经济周期理论的主要观点分别阐述。

(一)纯货币理论

经济周期纯粹是一种货币现象,货币数量的增减是经济发生波动的唯一原因。具有现代银行体系的国家货币供应是有弹性的,可以膨胀和收缩,经济周期波动就是由银行体系交替地扩张和紧缩信用所造成的。当银行体系降低利息率、放宽信贷时就会引起生产的扩张与收入的增加,这会进一步促进信用扩大;但是信用不能无限地扩大,当高涨阶段后期银行体系被迫紧缩信用时,就会引起生产下降,爆发危机,并继而出现累积性衰退。即使没有其他原因存在,货币供应的变动也足以形成经济周期。

(二)心理预期理论

心理预期理论强调心理预期对经济周期各个阶段形成的作用。庇古(A. C. Pigou)、巴奇霍特等认为,由于人们具有不同的偏好、不同的预期、不同的目的,同时各种人对积极的预期又不可事先预定,因此这就影响着经济的发展。在经济周期的扩张阶段,人们受盲目乐观的情绪支配,往往过高地估计产品的需求、价格和利润,而低估生产成本(包括工资和利息),这就会导致过多的投资,形成经济的过度繁荣。

根据心理预期理论,经济周期扩张阶段的持续时间和强度取决于酝酿期的长短,即决定于从生产到新产品投入市场所需的时间。当这种过度乐观的情绪所造成的错误在酝酿期结束时显现出来后,扩张就到了尽头,衰退便开始了。而在经济的收缩阶段,因为过度乐观的情绪所造成的错误逐步被察觉,所以其又会变成不合理的过分悲观的预期,由此过度减少投资,引起经济萧条。乐观预期与悲观预期的交替引起了经济周期中繁荣的交替。

在现实生活中,经济周期是一种复杂的经济现象,是上述多种因素共同作用的结果,这些因素按其与经济系统的间接或直接关系可分为外生因素与内生因素。其中,心理原因、政治原因、环境的变迁、农业收获的变化、技术创新等可视为外生因素;投资、货币、消费等则属于内生因素。外生因素往往是通过对内生因素的影响共同作用于经济活动过程,内生因素则是引起经济周期波动的基本原因。

(三)投资过度理论

投资过度理论主要强调生产结构的不平衡,尤其是资本品和消费品生产之间的不平衡。哈耶克(F. A. Hayek)等认为,如果利率政策有利于投资,则投资的增加首先引起对投资品(即生产资料)需求的增加,以及投资品价格的上升,这样就更加刺激了投资的增加,形成了繁荣。而投资品的生产过度必将引起投资品过剩及消费品的减少,从而形成经济结构的失衡。当经济扩张发展到一定程度之后,将出现生产过剩危机,经济进入萧条。

哈耶克还认为,市场经济有自动调节的功能,如果国家不进行干预,银行自行调节信用,生产过剩现象就会逐渐消失,经济就会复苏;而国家干预只能损害市场机制的作用,萧条过程反而会持续下去。

(四)消费不足理论

消费不足理论一直被用来解释经济周期的收缩阶段,即衰退或萧条的重复发生。这种理论把萧条产生的原因归结为消费不足,认为经济中出现萧条是因为社会对消费品的需求赶不上消费品生产的增长。而消费不足是由于人们过度储蓄使其对消费品的需求大大减少。消费不足理论的一个重要结论是,一个国家生产力的增长率应当同消费者收入的增长率保持一致,以保证人们能够购买那些将要生产出来的更多的商品。

（五）有效需求不足理论

有效需求不足理论的代表人物为凯恩斯（J. M. Keynes）。他认为，经济周期波动的发生是有效需求不足造成的。有效需求包括消费需求和投资需求，由三个基本心理因素决定，即消费倾向、资本预期收益和货币流动偏好。其中，资本预期收益决定着资本的边际效率，对经济周期波动的发生起着重要作用。而要消除这种源于有效需求不足的经济波动则必须进行国家干预，从而刺激需求，使总供给和总需求趋于一致，保持经济的稳定发展。保罗·萨谬尔森则在此基础上，进一步应用乘数理论和加速原理说明了经济周期的展开过程。

（六）技术创新决定理论

熊彼特（J. A. Sehumpeter）是技术创新决定论的创立者。熊彼特认为，企业家的创新活动实现了生产要素的重新组合，从而获得垄断利润，创新浪潮的出现引起经济繁荣。当创新扩展到越来越多的企业，赢利机会趋于消失，同时创新引起了信用扩张，造成了过度投资行为时，经济便开始衰退。随之而来的是失衡的必要调整阶段，即经济复苏。经济复苏要借助于新发明等外生因素的刺激，而新发明的实际应用则借助于经济的扩张过程，这样就形成了经济周期波动。根据熊彼特的解释，对于经济周期，政府的人为干预是不必要的甚至是有害的，市场经济有自行恢复的能力。

三、经济周期的划分

经济周期是一种复杂的经济现象，其产生和变化是多种因素共同作用的结果。经济学家通过衡量不同的指数，侧重不同的变量，根据波动变化时间的长短提出了各种不同的周期类型。按照经济周期经历的时间长短来划分，可以分为长周期、中周期、短周期。经济波动的长周期，平均要经历50年或者是60年，亦称康德拉季耶夫周期；经济波动的中周期，平均要经历9~19年，亦称朱格拉周期；经济波动的短周期，平均要经历40个月，亦称基钦周期。

（一）农业周期

农业周期也许是经济学中最为著名的部门经济周期。在农业部门发生这种规则波动的主要原因是，下一时期的生产是由当前或过去的价格决定的，还有就是当前的价格由当前的生产决定。

一般来讲，农业周期可能由国内外的旱灾或其他自然灾害引发，它们将减少供给并使商品价格上升。高价格接下去将促使生产者在随后的时期里增加生产，这将引起价格回落。这一过程如此进行下去就形成农业周期。此外，农业周期的长度一般取决于生产新一茬庄稼和培育新一批家畜所需的时间。

（二）基钦周期

美国经济学家基钦经研究发现，经济活动中有一种有规律的短期波动，其持续期间约为40个月，这种波动同商业库存的变化有关。基钦提出经济周期实际上有大周期与小周期两种，小周期平均持续期间约为40个月，一个大周期一般包括2~3个小周期。经济学界将他提出的小周大概在40个月，称为基钦周期。

我们一般认为基钦周期主要与市场商品可供量和企业存货量的变化有关。影响短周期的主要因素是企业存货订购开始增加，企业的销售量开始上升，企业的库存不断减少。

经济景气一旦达到顶峰，就将出现相反的现象，企业以经济繁荣时的销售量为基础继续进行库存投资，而实际发货已开始减少，故出现了预料之外的库存增加。如果库存增加一直持续到经济衰退之时，那么库存速度就会放慢，之后库存便开始减少。这样，当库存调整一结束，开始再次库存投资时，又进入下一轮库存循环。

（三）固定投资周期

法国经济学家朱格拉基于银行贷款的数字、利率与物价的统计资料研究了英、法、美等国家工业设备投资的变动情况，发现了其9~10年的周期波动，即朱格拉周期，也称中周期。

西方经济学界认为，朱格拉周期主要是工商业固定投资变动起主导作用所引发的周期。一般认为，影响中周期的主要因素是产业结构和产品结构，其变动会引起投资结构和投资数额的变动，所以又可称为固定投资周期。对于为什么会发生固定投资周期循环，有多种理论解释。更多的西方经济学家利用加速原理和投资乘数理论来解释投资周期循环产生的内生机制。

（四）库兹涅茨周期

美国经济学家库兹涅茨（S. Kuznets）通过对当时美国某些商品生产与价格变动长期趋势的研究发现，其存在着15~25年的中长期的周期循环，即库兹涅茨周期。由于该周期与建筑业扩张、收缩的关系密切，所以，西方经济学界也把库兹涅茨周期称为建筑周期。在建筑业中，住房建筑是其重要组成部分，住房建筑的波动期一般来说是较长的。住房建筑波动之所以会长些，是因为与人口的增长周期有联系。

结婚和生育率的增加，对住房需求的影响要在20年之后；同时，人口净增长率不同，对住房需求也就不同。人口净增长率高，对住房的需求增加，从而促进住房建筑的高速发展；人口净增长率低，对住房的需求就低，住房建筑的发展速度就会慢下来。对于建筑物的需求来说，供给要有相当长时间的延迟，并且建筑活动的扩张会使得建筑材料的需求扩大，从而使就业机会增加，进而对经济的各领域都会产生广泛影响，因此产生这种周期较长的经济周期波动。

第二节　现代房地产经济周期的概述

一、现代房地产经济周期的相关概念

房地产经济是工业化和城市化的产物，是国民经济的主要构成部分。房地产经济的发展具有明显的周期性特征。

（一）现代房地产经济周期的内涵

国内外房地产业发展的历史证明，由于房地产业的发展受制于宏观经济发展、人口、政治、社会文化、法律制度等多种因素，因此房地产业在发展过程中，会表现出周期性波动的变化，会出现房地产业发展的高峰期和低谷期，即房地产业发展的周期性波动规律。

所谓现代房地产经济周期，是指房地产业在发展过程中，随着时间的变化而出现的扩张和收缩的周期性，但不定期的反复运动的过程。它一方面同宏观经济总的发展态势密切相关；另一方面又同相关行业经济与宏观经济的协调程度紧密联系。如果房地产业发展过于超前，造成供大于求或暂时饱和，就会出现相应的停滞消化期。

（二）现代房地产经济周期阶段

同宏观经济周期一样，从现代房地产经济周期波动的阶段也可分为复苏与增长、繁荣、衰退、萧条四个阶段，从而再进入新一轮增长。

1. 复苏与增长阶段

房地产业经历了萧条之后出现的复苏与增长期，一般会经历较长的时间。这一阶段的主要特征为以下四点。

①交易量回升，购楼者开始增多，少数炒家开始入市，但买房者仍多为自用，投机者较少。

②需求趋旺，刺激房地产价格慢慢回升，呈持续增长状态，但期房价格仍然低于现房价格。

③交易量的增加推动房地产开发数量的上升，房地产开发投资逐渐增多，且开发速度逐步加快。

④随着房地产市场的加速回升，人们对市场形势充满乐观情绪，购楼者特别是炒家进一步涌入，不但现房价格上涨，期房价格也进一步回升，市场交易尤其是二、三级市场的交易活跃。于是，在条件成熟时，整个房地产经济又进入繁荣阶段。

2. 繁荣阶段

顾名思义，繁荣阶段所表现出来的特点就是阶段持续的时间较短，需求继续增长，出现波峰。

3. 衰退阶段

当楼价高到把真正的房地产消费者挤出，仅仅依靠投机资金支撑时，房地产业也就由盛转衰，预示着危机和衰退阶段的到来。相对来说，这一阶段较为短暂，其主要特征分为以下三点。

①房价在开始时虽仍然继续上升，但是涨幅明显放缓并开始出现下跌迹象；现房价格基本上停滞不前。

②由于交易量锐减，一些实力较差、抗风险能力较弱的开发商因为资金债务等问题而难以为继，房地产从业人员减少，失业率和破产率增加。

③交易量明显减少，形成明显的有价无市的状态。在一些突发性事件的影响下，房地产价格急剧下降。其中，期房价格下跌速度要快于现房价格。房地产价格的暴跌趋势阻止了真正的消费者及投机家进入市场，加快了房地产价格的下跌速度。

4. 萧条阶段

这一阶段也就是常说的波谷，持续时间较长，房地产开发量继续下降，销售量进一步减少，房地产价格跌势继续，期房价格大大低于现房价格，房地产交易量锐减，楼盘交易量降幅更大，房屋空置量达到顶峰，房地产价格持续走低，且趋于平稳；部分房地产发展商面临困境，破产现象普遍，甚至有一些实力雄厚的大型房地产开发公司也难免蒙受损失。租赁供给的增长率很高，而需求增长率较低或者是呈负增长。出租者纷纷降低租金来获得租客，有时甚至收益只能和成本相当。于是新的建设逐渐减少，当新建设的增量供给停止的时候，市场达到最低点。随后需求开始增长，开始了新一轮的周期循环。

(三)现代房地产经济周期的特点

房地产业是国民经济的重要组成部分,两者之间存在着密切的联系,国民经济的周期性波动制约着房地产经济波动。从实际资料分析,现代房地产经济周期也大体上与国民经济周期性波动相吻合。

但是,由于房地产是不动产,处于基础性、先导性产业的地位,因此现代房地产经济周期波动又有其自身特点。

1. 先导性

在经济周期中,房地产业进入高涨阶段,相对于国民经济周期来说要较为提前一些。这是因为房地产业是先导性、基础性产业,在复苏阶段首先表现为投资信心增强、投资量增加,城市建设中基础设施先行,对房地产的需求增加,带动房地产业提前进入繁荣阶段。

2. 阶段性

现代房地产经济周期衰退阶段也相应更早地到来。在国民经济衰退阶段到来之前,由于供给过剩、投资压缩,其影响往往是房地产业首当其冲,即房地产业因投资需求下降而首先陷于衰退局面。

3. 长期性

现代房地产经济周期萧条阶段相对长一些。一方面,由于房地产开发的周期长,衰退以后要进入复苏阶段,需要有一个较长过程;另一方面,由于房地产是不动产,供求关系的调整、建立新的供需平衡也需要有较长的时间。所以,房地产经济周期萧条阶段必然长一些。

4. 波动性

现代房地产经济周期相对比较容易波动,现代房地产经济周期波幅比国民经济整体周期波幅更大一些。因为房地产业是资本密集型产业,投资量大,一旦销售受阻,开发量急剧下降,房地产投资迅速减少;同时,房地产投机者的大量参与,带有较大的泡沫成分,一旦泡沫破裂,也会迅速下降。

5. 区域性

现代房地产经济周期性波动带有明显的区域性特点。由于房地产是不动产,供给和需求以本地市场为主,又由于地区经济发展状况不同,造成房地产市场供给和市场需求的数量和质量的重大差异,因而现代房地产经济周期性波动的波幅和周期长短出现明显的差异。在中国,由于区域经济发展水平存在较大差率,现代房地产经济周期波动的区域性特征尤为明显。我国东部地区、中部地区、西部地区的经济发展水平依次呈高、中、低三个层次。各个区域的房地产业的发展水平和周期波动性也存在显著差异。在房地产业较为发达的东部地区，现代房地产经济周期波动性相对较大，而西部地区房地产开发量本身较少，现代房地产经济周期性波动并不十分明显。

在研究现代房地产经济周期性波动问题时，还要同一个国家的经济发展程度、房地产业的发展时间和成熟度联系起来考虑。中国的房地产业起步较晚，经历时间也较短。真正科学地考察房地产业发展的周期性，必须经历若干周期或更长的时间，才能得出比较符合规律的正确结论，目前的研究仅仅是初步的探索。

二、现代房地产经济周期与宏观经济周期的关系

一般来说，现代房地产经济周期是宏观经济周期的组成部分之一，其周期波动与宏观经济周期相协调，二者是一种正相关的关系，即波动方向相同。同时，由于任何产业都有其自身的特殊性，而这种特殊性必将在经济运行中表现出来，从而规定了不同产业的周期曲线与宏观经济的周期曲线不可能完全重合，因此，作为产业周期之一的房地产经济周期，也有其自身的特点。

从现代房地产经济周期与客观经济周期来看，宏观经济周期对房地产经济周期的波动具有决定性作用。同时，现代房地产经济周期独特的波动变化，也对宏观经济周期的波动产生很大的影响，影响的程度取决于一国房地产业发展的进程及其在国民经济中的比重和地位。具体来说，与宏观经济周期相比，现代房地产经济周期的波动有以下几个方面的特点。

（一）周期波动次序的区别

现代房地产经济周期与宏观经济周期从周期波动的次序与考察的四个阶段在时间上并不一致。通常现代房地产经济周期的复苏、萧条期滞后于宏观经济周期，而繁荣、衰退期则超前于宏观经济周期。尽管房地产业是基础性和先导性行业，但由于其产品价值大，耗用资金多，生产周期长，因此房地产开发商需要经过较长时间的筹备、讨论才能投入实质性开发。所以，房地产业的复苏势必要稍微滞后于宏观经济，但时间很短暂。

由于房地产业经过复苏阶段的准备和发展，其先导性、基础性产业的作用开始充分显现出来，其繁荣期略超前。房地产业之所以提前衰退，是由于房地产业的发展以社会经济各部门的发展为基础，房地产业绝不可能在与其他部门脱节的基础上高速发展，往往其他产业的衰退和停滞会对房地产业的发展产生叠加的负面影响。现代房地产经济周期的萧条阶段要滞后于宏观经济周期，是因为当宏观经济出现萧条时，各行各业的发展都处于停滞之前的

状态，失业率、通货膨胀率较高。而由于房地产本身具有保值增值的特点，因此此时人们会放弃其他投资，将注意力转向房地产开发投资或直接购买房地产，从而维持房地产市场一定的供给和需求，推迟房地产业的萧条。

（二）波长与波幅的区别

一般来讲，现代房地产经济周期波动的幅度要大于宏观经济周期，即波峰要高于宏观经济周期，而波谷要低于宏观经济周期。从波长来看，现代房地产经济周期的波长与宏观经济周期也不一定相同。例如，英国宏观经济周期平均波长为20年，而现代房地产经济周期平均波长为9年。

（三）长期性的趋势明显

由于土地资源的短缺和房地产的不可替代性，通过政府同期政策的干预，现代房地产经济周期将以螺旋式上升的方式形成增长。因此，与国民经济周期相比较，现代房地产经济周期的长期趋势明显，具体表现为，在一个经济周期内，尽管其波谷低于波峰，但却高于前一周期的波谷，而有时甚至会超过前面周期的波峰。

三、现代房地产经济周期的研究意义

由于房地产经济周期不仅具有自身独特的波动规律，而且作为国民经济周期的组成部分，在受到后者的影响和制约时，也对同期经济周期波动产生极大的影响，而这一影响程度的大小则取决于一国房地产业的发展进度和房地产市场发育的成熟程度，因此对现代房地产经济周期理论进行系统研究，具有很高的理论价值和重要的实践意义。具体来说，表现在以下几个方面。

（一）与国民经济发展相适应

对现代房地产经济周期进行研究，可以帮助人们深刻理解房地产业发展与国民经济发展的密切关系，使其更好地与国民经济的发展相适应，正确把握房地产业的政策定位，进一步发挥房地产业新经济增长点的作用。

（二）把握市场发展规律

对现代房地产经济周期进行研究，有助于把握房地产业和房地产市场发展的规律。应用经济同期的一般理论和方法，结合房地产的特点，对房地产经济周期的发展阶段、产生原因、影响因素及周期的计量测度指标等进行系统的分析、归纳和总结，有利于把握房地产业和房地产市场发展的规律，从而指导实践并减少实践中的盲目性。

对现代房地产经济周期进行研究，可以正确把握房地产业发展的周期性规律，明确一国房地产业所处的阶段、认清形势、审时度势、因势利导、掌握主动权，避免盲目性。

（三）有利于政府宏观调控

对现代房地产经济周期进行研究，有助于指导政府进行宏观调控。现代房地产经济周期的波动，一方面具有不可避免性；另一方面，过分剧烈、波幅过大的周期波动对国民经济具有破坏性。

研究现代房地产经济周期的规律，以及科学地监测房地产业周期波动的趋势，是政府对房地产业、房地产市场实施宏观调控的基础，也是一国宏观调控政策体系的重要组成部分。

（四）有助于投资者进行决策

在市场经济条件下，房地产投资者认识、了解现代房地产经济周期的规律性及市场供求的变动趋势，可以更主动地适应宏观经济形势的变动，在市场经营中掌握主动权，避免由于房地产周期性波动带来的损失。

（五）规避房地产业的巨大波动

在认清房地产周期性规律的基础上，及时采取适当的措施，避免其剧烈波动对房地产业的震荡。对房地产企业来说，应针对不同周期阶段，确定企业扩张或收缩的战略决策。对政府主管部门来说，应通过预测房地产业周期变化趋势，及时采取正确的政策措施，引导房地产业持续、稳定、协调发展。研究房地产周期性规律，是分析房地产市场形势的重要理论基础。

四、影响现代房地产经济周期的因素

影响现代房地产经济周期波动的因素有多种，大体上可分为内生因素和外生因素两大类。所谓内生因素，是指房地产经济体系本身的内部因素，如收益率、投资、利率、通货膨胀率等；所谓外生因素，是指房地产经济体系以外的对房地产经济活动产生外部冲击和作用的影响因素。通常，外生因素通过内生因素起作用，房地产经济周期波动是内生因素与外生因素共同作用的结果。

（一）内在因素

1. 收益率

一般来说，当房地产开发商的预期收益率不断提高时，房地产开发商会扩大投资和开发规模；当预期收益率不断下降时，房地产开发商的投资行为

就会变得较为谨慎。收益率就像指挥棒一样引导着房地产开发商的投资行为。

房地产收益率指房地产开发获取的净收益与房地产投资额的比率，也是投资回报率。房地产市场供求矛盾是房地产经济周期波动的直接原因，这一矛盾通过开发成本、价格和销售利润等几个指标最终反映在收益率的变化上。收益率的高低可以引导房地产的投资走向扩张或收缩，使房地产经济出现周期性的变化。

由于市场竞争的存在，一般来说，房地产开发商不可能长久地获得高于社会平均投资收益水平的超额利润。新投资者的进入导致商品房供应增加和市场竞争加剧，结果使房地产开发的收益水平逐渐回落到社会平均水平甚至以下。此时，新的投资者不再进入，部分原有投资者还会退出，房地产市场上的新增供应减少。而随着房地产消费和投资需求的增加，超量的供应被市场吸纳，房地产市场的开发利润水平又会回升，回升到一定水平时，又会有新的投资者进入房地产市场。房地产市场就是这样周而复始地运动，形成现代房地产经济周期的波动。

2. 投资

在房地产经济活动中，房地产投资是房地产业发展至关重要的因素，房地产投资的波动常常被看成现代房地产经济周期波动的引擎。从理论上说，房地产投资的增加会引起房地产业的扩张，使房地产市场进入繁荣阶段；投资下降则会使房地产业出现萧条的局面。也就是说，房地产投资的变动与现代房地产经济周期的变动基本上是一致的，两者几乎是同向共振的。但是，房地产投资波动比现代房地产经济周期的波动更为活跃一些。

3. 利率

一般来讲，利率变动与现代房地产经济周期波动呈反向变化。利率的升高与降低，通过影响房地产投资需求和消费需求，成为货币信用影响现代房地产经济周期波动的中间环节。利率对房地产市场的直接影响分为供给和需求两个方面。

在供给方面，利率下降，房地产开发商融资比较容易，融资成本较低，促使房地产价格降低，因而促进房地产供给和房地产市场的繁荣；反之，当利率上升时，房地产开发商利息负担沉重，房地产开发成本居高不下，使房地产价格上扬，则不利于房地产市场的发展与繁荣。在需求方面，由于房地产价值高，进入房地产市场必须获得金融的支持。

4. 通货膨胀率

在经济发展中，房地产是一种很好的投资工具和消费品，因此其往往是抵抗通货膨胀的有效手段。通货膨胀与通货紧缩处于交替变化中，从而周期性地影响房地产投资的预期回报率，进而影响现代房地产经济周期。当通货膨胀率上升时，人们往往对房地产的投资需求有很大的提升。具体来说，一方面，通货膨胀率的变化与房地产租金波动的趋势十分紧密；另一方面，通货膨胀率变化还会直接导致房地产建造成本、经营成本及利润率的变化，从而反方向影响房地产的投资收益率。

（二）外在因素

影响现代房地产经济周期波动的外在因素可以分为以下三大类：直接影响房地产开发活动的宏观经济因素，主要是与房地产业密切相关、敏感程度较大的政策因素；间接影响房地产开发活动的社会经济因素和技术因素，影响房地产业的随机因素，包括地震、洪水等自然灾害，战争、政治风波等社会突发因素。

1. 政策因素

影响现代房地产经济周期波动的政策因素，是指政府对房地产市场实行宏观调控时所采用的一系列政策工具，包括财政政策、货币政策、产业政策、经济体制和经济制度改革，以及区域发展政策等。这些政策工具从房地产业发展的各个方面对房地产市场进行调控，从而影响房地产业发展的各个方面；对房地产市场进行调控，从而影响现代房地产经济周期波动的特征。

2. 经济因素

经济增长方式的转变对房地产经济周期的波动具有很大影响。在不同的经济增长方式下，房地产需求的数量和结构都有很大差别。例如，粗放型增长方式主要依靠房地产规模的扩大实现增长，因而对土地、工业厂房、仓库等不动产的需求明显增加，当经济增长方式转向集约型增长时，技术含量的提高对房地产的需求也会产生较大影响，从而影响房地产市场的发展。

3. 社会因素和技术因素

城市化进程包括城市生活方式的兴起，以及城市生活方式向郊区的扩散，即郊区化过程。城市化进程将极大地加剧对城市基础设施和普通住宅的需要，并影响人口增长、人口流动和交通运输业的发展，而这些因素又进一步对地价上涨和房地产业的发展产生持久的作用；同时，其也影响各类房地产市场的长期发展趋势，进而影响各类房地产经济周期波动的特征。例如，二战后日本经济复兴，城市人口剧增，使得人们对城市住宅的需求上升很快，形成了城市住宅市场的大繁荣景象。

技术和理念的革新也会给房地产市场或其子市场带来不小的冲击。产业结构演进，即一定时期的产业结构特征，决定着当时的国民经济周期波动的基本形式。房地产业是国民经济整体的一部分，其发展和周期波动也要受国民经济周期波动的制约和影响。因此，产业结构的演进也决定了一定时期现代房地产经济周期波动的基本形态特征。

4.随机因素

这类因素包括战争、政治风波，以及地震、洪水等自然灾害。例如，发生的对住宅危害性大的地震将必然对震区的房地产业产生修复性或新建性的需求拉动。

五、现代房地产经济周期的形成机制

房地产经济波动的运行机理可以从两个方面加以分析，即内在传导机制与外在冲击机制。内在传导机制是指经济系统内部结构特征所导致的经济变量之间的必然联系和对外在冲击的反应。

外在冲击机制是系统外在的冲击通过系统内部传导而发生的经济活动，来源于外生变量的自发性变化。外生变量可能是随机的，也可能是周期性的。房地产经济波动既有其内在传导机制的作用，又有其外在冲击机制的作用，即其是经济系统内在的传导机制和通过传导而作用于经济活动的外在冲击共同发生作用的结果。

（一）内在传导机制

所谓内在传导机制，是指在经济体系中的主要内生因素，依其自身规律发生周期性变化而又相互作用，可使经济波动呈现出周期性变化的机制。经济体系的内在因素成为现代房地产经济周期波动的自我推动力量，每一次扩张都给衰退和收缩创造了条件，而每一次收缩又为复苏和扩张创造了条件。

房地产经济波动的内在传导机制主要包括利益驱动机制、竞争机制、供求机制、价格机制、乘数－加速数机制、信贷利率机制、产业关联机制、经济增长制约机制。这些运行机制不是单一起作用的，而是同时起作用的。

内在传导机制使得经济系统自发地按照特定的规律运行。但是在有些情况下，也会出现传导失灵，如日本在泡沫经济破裂后，再追加财政支出，扩大公共事业开支，但是所起的作用并不明显。其中一个重要原因就是绝大部分投资都被用来购买土地，而没有用来购买建材和雇用劳工，这大大削弱了投资的乘数效应。同样，其他传动机制也存在失灵的情况。

需要注意的是，与宏观经济周期波动的作用机制不同，现代房地产经济

周期波动的引发因素主要是房地产需求因素,其更多地受经济发展水平和宏观经济运行环境的影响,而不仅仅是房地产经济体系内部作用的结果。另外,房地产供给因素主要受房地产经济体系内部因素的影响,而受宏观经济运行状况的影响相对较小。这样,需求因素和供给因素综合作用的结果,可能使房地产经济周期波动具有与国民经济周期不同的表现。

(二)外在冲击机制

现代房地产经济周期波动有自己独立的运行体系,同时,它的运动也不可避免地要受到外在因素的扰动和制约。外生因素一般通过内生因素的作用,才能实现对房地产经济活动的影响,外生因素的变动,会引起相关的房地产经济体系的内部因素,即周期波动的内生因素的变动。而某项内在因素的变动,又会通过乘数作用和加速作用,造成整个房地产经济体系的变动,从而对房地产经济周期波动造成影响。

不同的外生因素引起的波动形态是不同的。在房地产经济中,起冲击作用的外生因素很多,但冲击的效果是不同的。有些外生因素,如技术革命、产业结构的变化等,与其说是通过影响内在机制的变化而发生作用,还不如说它更多的是通过改变内在机制的基础而发挥作用。对于地震、洪水、战争、政治风波等随机因素,它们直接给整个宏观经济的运行环境带来巨大的影响,改变房地产等各行业的发展环境,给房地产经济周期带来了不规则变动的影响,此时,外因超过内因而起作用。

六、房地产经济的时滞效应概述

供给和需求的波动及其相互作用,造成了现代房地产价格和产量的周期波动。由于房地产的建设周期长,供给呈刚性,即房地产的供给在短期内缺乏弹性,供给变化要远落后于需求变化,从而形成了房地产供求变化的时滞效应。可以说,现代房地产经济周期波动的这种特征,是由房地产自身的商品特性及其市场特性造成的。

(一)引发时滞效应的因素

1. 决策落后

当经济状况发生变化时,各项房地产投资、生产、交易、使用的计划、决策都应根据实际情况进行改变,但是因为信息不足及判断力不够迅速或不够正确等,常常使各项计划无法及时做出,从而造成计划上的延迟。这项延迟,即认知与决策间的时滞。

2. 生产落后

当投资者决定对某项房地产项目进行投资时，常常需要耗费时间去准备各项固定设备、资金和生产技术。房地产的生产期一般为 1~3 年，相对其他商品，其一旦投入就难以撤资，供给弹性较小，因此对房地产市场变化无法迅速做出相应调整，从而造成了很长的时滞。

这说明在扩张阶段进行的许多中长期房地产投资往往暗藏着衰退的隐患。在房地产市场不景气时，原先计划投资生产建筑的房地产还是要进行，否则会面临庞大的银行贷款压力，导致房地产市场不景气，波动加大。

3. 市场信息不完全

因为信息不完全，所以房地产交易很难适时、适地有秩序地进行。尤其在房地产交易市场缺乏透明度时，买卖双方的接触和谈判往往需要耗费大量的搜寻成本。

（二）相关影响分析

总之，房地产投资决策、生产及市场信息获得等的落后和延迟，导致时滞效应在房地产上表现得特别明显。一般来说，这种时滞效应，在现代房地产经济周期的扩张阶段表现为房地产价格的暴涨和市场的过度繁荣；而在衰退阶段，则表现为房地产价格的暴跌和市场的过度萧条。可以说，房地产的时滞效应是滞后的蛛网模型解释房地产经济周期成因的基础。

七、现代房地产经济周期计算方法及其指标构成

（一）现代房地产经济周期的计算方法

每个经济指标的时间序列中一般都包含四种变动要素：长期趋势性波动、季节性变动、周期性波动和不规则性变动。要确定每个经济指标的周期性波动，就必须采用一定的方法，从而消除长期趋势性波动、季节性变动和不规则性变动的影响。这种方法就是对经济指标的周期性波动进行测定。

1. 直接测定法

这种方法是用代表房地产经济主要变量指标的时间数列，把每年的数值直接与上一年的数值相比，求得经济变动的相对数，以此反映房地产经济周期波动状况的测定方法。

一般来说，使用直接测定法，把当年数值与上一年周期数值相比，大体可以消除时间序列中包含季节性变动和长期趋势性变动因素的影响，如果在这一基础上再使用移动平均法，就又可以大体消除不规则变动的影响，从而

得到周期性波动因素的相对数。

直接测定法的最大优点是简单易行、直观明了，缺点是适用范围比较窄，要求服从指数增长，趋势比较平稳，有较长时间的短期资料。

2. 剩余法

使用剩余法测定房地产周期性波动，就是从时间序列中逐次或一次消除长期趋势和季节变动，剩下周期性波动和不规则变动。然后，再进一步消除不规则变动，得到周期性波动值。这种方法实际上是把对现代房地产经济周期性波动的测定问题，转化成对时间序列分解模型的选择和对长期趋势及季节变动的测定问题。

（二）现代房地产经济周期的指标构成

现代房地产经济周期指标的变化体现了房地产经济活动的变化。按照其与房地产周期波动的先后关系，可以分为先行指标、同步指标和滞后指标三类。至于各个具体指标的选取，则应根据不同的目的、不同的地区具体选择。

1. 先行指标

先行指标包括：全社会固定资产投资；房地产开发活动的资金来源合计；房地产投资实际完成额；土地购置面积；完成土地开发面积；基本建设贷款利率；建筑安装工程价格指数；商品房新开工面积；商品房施工面积；沪深房地产综合指数。

先于房地产经济基准周期波动变化的指标称为先行指标，可以用于预测房地产周期波动的波峰和波谷。具体处理时，将选取的各项指标变动的波峰和波谷出现的日期与基准循环的基准日期比较，如果平均较为领先，则为先行指标。

2. 同步指标

同步指标包括：GDP；商品房实际销售面积；预售面积；出租面积；商品房实际销售额；商品房销售均价。

同步指标是指与现代房地产经济周期波动大体一致的指标，其可以反映当前房地产业的发展形势。具体处理时将先取的各项指标变动的波峰和波谷出现的日期与基准循环的之基准日期比较，如果平均同步，则为同步指标。

3. 滞后指标

滞后指标是指滞后于房地产周期波动的一类指标，用于认定现代房地产经济周期波动的波峰和波谷是否确已出现。具体处理时，将选取的各项指标变动的波峰和波谷出现的日期与基准循环的基准日期比较，如果平均较为滞后,则为滞后指标。

滞后指标包括:商品房竣工面积;竣工房屋价值;商品房空置面积;租金。

第三节 房地产泡沫

一、房地产泡沫的相关概念

房地产泡沫是以房地产为载体的泡沫经济。房地产泡沫是房地产经济波动的一种形式,它的产生又加剧了房地产经济的波动。随着市场经济的发展,出现了越来越多的房地产泡沫现象,对经济发展构成了极大威胁。

(一)房地产泡沫的内涵

所谓泡沫,就是一种或一系列资产的价格脱离了实际基础价值连续上涨的现象。在这个定义中,我们可以了解到,泡沫是一种价格波动现象。价格波动是市场经济中不可避免的现象,但是与一般的价格波动相比,泡沫具有在短期内大起大落的特点。

泡沫不是一般物价的上涨,而是资产价格的上涨。作为泡沫的载体,往往具有稀缺性的特点,在短期内不易达到供求平衡,很容易成为投机的对象。土地的稀缺性、不可移动性、不可替代性等一系列特性,使房地产成为最常见的泡沫载体之一,即房地产泡沫是最常见的一种泡沫。

(二)房地产泡沫的特点

作为房地产经济波动的一种特殊形式,房地产泡沫有自己的一些独特特征。房地产经济波动既包括长期趋势、周期波动、季节波动及随机波动,又包括泡沫式的波动。而房地产泡沫仅仅指房地产价格的剧烈波动。房地产泡沫尽管常常伴随着投资量、成交量的波动,但这些波动并不是房地产泡沫的本质特征。房地产周期是房地产经济在运行过程中出现的周期性的、连续性的循环往复现象,是市场经济中不可避免的一种现象。房地产泡沫在形态上表现为房地产价格的大起大落,不具有连续性的特征,不具有在一定时间内反复出现的必然性。房地产泡沫是市场投机行为盛行的结果,是可以消除、防范和控制的,不是经济发展中必然出现的产物。房地产泡沫的产生加剧了房地产周期的波动幅度,改变了其周期波动形态。

与通货膨胀相比,房地产泡沫乃至任何一种泡沫,都是某一类资产的价格持续性上涨,正是由于这种房地产泡沫和通货膨胀的区别与联系,才可以用地价指数与物价指数的比值来衡量房地产泡沫的严重程度。通货膨胀是由于货币量增长的速度超过了生产的增长速度，即流通中货币供应量超过实际需求量时就发生了通货膨胀。在房地产泡沫产生的过程中，货币供应量不断增加，各种各样的资金介入，在短期内迅速使房地产价格升高。

总的来说，房地产泡沫有以下主要特征：房地产泡沫是房地产价格波动的一种形态；房地产泡沫具有陡升陡降的特点，振幅较大；房地产泡沫不具有连续性，没有稳定的周期和频率；房地产泡沫主要是由投机行为引发的货币供应量在房地产经济系统中短期内急剧增加造成的。

二、房地产泡沫的体现方式

房地产泡沫是一种特殊的经济现象，有自己独特的表现形式。

（一）房地产价格暴涨暴跌

房地产价格的暴涨暴跌是房地产泡沫最明显的表现。房地产的价格由房价和地价组成，它们都易表现出脱离实际的大起大落。由于土地的稀缺性及市场对土地需求的无限性，土地市场经常发生投机炒作，出现地价虚涨，这种虚涨的部分就属于经济泡沫。如果土地价格成倍，甚至几十倍的飞涨，就有可能形成泡沫经济。还有就是，房价也会在泡沫经济盛行时出现类似情况。

（二）房屋空置率高

在房地产市场供求关系中，商品房供给超过市场需求，超过部分的供给增长属于虚长，构成经济泡沫。按照通用的国际经验数据，商品房空置率在10%以内时，这种经济泡沫是正常的，一般在发生房地产泡沫时，商品房空置率大大超过10%。房地产市场出现严重的供给过剩，销售状况不佳，大量房屋空置，开发商遭受巨大损失甚至破产倒闭。

（三）房地产投资过度

一般情况下，房地产投资增长率应与房地产消费增长率相适应，力求平衡供求关系。在发展中国家的经济起飞阶段，百业待兴，房地产投资增长率略高于消费增长率，从而形成供大于求的市场局面，对促进房地产业的发展和刺激经济增长是有利的。只有当房地产投资过度膨胀，商品房严重滞销，造成还贷困难，连带引起金融危机时，才会导致泡沫经济破灭。

（四）房地产业的扩张过快

衡量房地产业扩张程度可以选取房地产价格增长率与 GDP 增长率的比值作为指标，房地产周期与泡沫这个指标显示了房地产业与实体经济的偏离程度，也可以作为房地产泡沫的指示指标。可见那时中国香港的房地产市场存在比较严重的泡沫。

（五）房地产企业突增

大多数企业在宏观调控一开始便受到了致命的打击，有些一两年后便寿终正寝，或者名存实亡，或者搬走。基础稍好一点的企业，包括众多的股份公司在内，支撑的时间稍长一些，但在经济风暴中也出现了问题。

（六）居民对房价承受能力差

衡量居民对房价的承受能力的指标是房价收入比。比较理想的情形是房价与家庭年平均收入的比值维持在一个合理的范围内，国际上通常认为这个范围是 3~6，各国可以根据实际情况进行相应调整，而在房地产泡沫膨胀时，房地产价格会大幅攀升，导致这一比例严重偏高，使居民对房价失去承受能力，房屋价格超出居民购买力的结果就是二手房的需求增加和房屋租赁的盛行。

三、房地产泡沫的形成因素

一般认为，房地产之所以能成为泡沫的载体，主要是由它的资产物理特征、经济特征和市场环境决定的，其突出表现如下。

（一）土地资源稀缺

土地资源稀缺、供给弹性小众所周知，土地是一切经济活动的载体，而土地的最大经济特征就是稀缺性，与其他生产要素相比，土地的供给弹性最小。土地供给的稀缺性、垄断性与土地需求的多样性及投机性，必然会导致土地价格的上扬，从而使房地产价格偏离资产的实际价值，为房地产泡沫的生成提供了基础条件。

（二）信息不对称

信息不对称与任何市场一样，房地产市场环境的变化是永恒的，各种因素的动态变化，会引起房地产市场的相应变化。在信息对称的情况下，房地产的价格应等于其重置价格。但是，由于房地产的独特性及其供给的垄断性，容易出现供给方和需求方的信息不对称。在信息不对称的情况下，投资者很难对市场的真实价值做出准确判断，加之房地产的开发建设周期长、供给变化滞后于需求变化，过度炒作又导致投资者高估未来收益，从而加快房地产泡沫的生成。

（三）逆向选择与道德风险

逆选择和道德风险房地产是一个资本密集型产业，其发展离不开金融业的支持。但是，在金融体制不健全的情况下，信息不对称会给银行带来逆向选择问题，使那些冒险精神强、信誉差、最有可能造成不利结果的借款人获得贷款，从而给银行带来信用风险。此外，银行体制不健全，盲目地追求市场份额、信贷规模，忽略对借款企业或个人房地产经济资信的审查和跟踪调查，往往会低估投资项目潜在的风险。这种道德风险在房地产价格上扬、抵押物市值不断攀升时常常被忽视，大量银行资金的介入，会加快资产价格的膨胀和泡沫的产生。

（四）政府干预失误

政府干预失误由于以住宅为主的房地产具有投资品和消费品的双重特性，因此，相对其他市场，政府对房地产市场有更多的干预。干预方式除城市规划、土地政策、利率政策和税收政策鼓励与引导企业和个体投资外，还包括政府直接投资或以转移支付方式等介入房地产市场。

市场不是万能的，政府的干预也不总是成功的，往往有正、负两面的效应。如果政府片面追求短期政治目标、经济目标，就不可避免会导致政府干预的失效。

第四节 房地产泡沫的测定与预防

一、房地产泡沫的预定方法

（一）基础价值模型

房地产的基础价格和租金成正比关系，与折现率和租金预期增长率之差成反比关系。如果投资者预期某房产期末获利较高，则这个房产的基础价格就会越高。基础价值模型清晰地描述了房地产泡沫，其不仅严格地遵循了经济学对房地产泡沫的定义，而且公式简洁，对房地产泡沫度量的量化发展起到很重要的传承作用。

但这个理论模型还存在着不容忽视的缺陷。房地产价格中存在泡沫并不一定就是坏事，任何快速发展的经济都会存在一定的泡沫。对于房地产市场来讲，适当的理性价格泡沫能够促进房地产业的快速发展，进而带动宏观经济的良好运行。真正影响和损害房地产业与整体经济的是群体非理性所带来的那部分价格泡沫。所以对泡沫的衡量有必要区分和分别度量理性与非理性的部分，而在基础价值模型上没有很好地体现这方面的要求。还有就是房地产作为虚拟资产的属性使得它的收益不会如一般实体经济下的资产那样符合边际资产效率递减的规律，而极有可能因为价格与预期的正反馈而不断增高，从而也就没有像一般商品的价格波动。此外，中国的利率决定并不是市场化的结果，从而依照此公式计算的所谓"基础价值"也就很难说有很大的可信度，自然泡沫的衡量也就成为空谈。

（二）收益还原法

收益还原法是日本的经济学家首先采用的方法，这个方法并不精细，但是却更为简便，收益还原法往往被用来计算资产的理论价格（即由市场基础价值决定的资产价格）。

日本1993年的经济白皮书中，采用的理论价格模型舍弃了企业的成长性（决定未来的持续股息）与地租的预期增长率及风险补偿，股票的理论价格为每股收益除以国债长期利率。现实股价远远脱离了企业收益与长期利率等基础条件，从而产生了房地产泡沫。

房地产泡沫是市场交易后果的反映，是实际交易价格对其真实内在价值的偏离，但整个房地产体系的价值偏离不是单个交易价格偏离的简单加总。换句话说对房地产泡沫程度的把握需要从房地产市场交易的整体状况去衡量。对每一宗房地产交易，其泡沫程度可以根据房地产经济学其成交价格与同类型房地产的正常市场交易的一般价格水平之差来分别衡量，但房地产市场泡沫程度的估量则不能用单项交易房地产泡沫加总的简单方法得到，这是因为资产体系的紧密联系和互动机制使特定地域的房地产泡沫状况与个别资产交易的原有状况发生了性质上的改变。

采用收益还原法评估资产泡沫的合理基础仅仅建立在单个资产交易的特定环境之中。对房地产泡沫的整体度量，还必须从反映市场整体价格水平的各种指标和影响市场价格水平变化的各种基本因素入手。

（三）市场修正法

市场修正法是用市场比较法评估资产价格的思路来评估房地产泡沫的，其以反映市场供求差异的空置率为计量基础，考虑宏观经济状况、房地产业状况和市场交易状况进行修正，从而估算出房地产泡沫的数值，与一般采用的收益还原法相对比。这种方法可以被称为房地产泡沫评估的市场修正法。

空置率作为房地产泡沫评估基准的基本理由，反映了市场供求的差异；特定时期特定地域的空置率指标反映了各种市场力量和非市场力量的市场后果；一般意义的空置率是市场失衡状况的具体表现。可以说，房地产泡沫和空置率是对市场失衡的不同角度的描述,但它们的实质内涵是一致的。特别在房地产市场主要由非市场力量主导的情况下,用空置率来描述房地产泡沫程度的高低,更具有合理性,以其作为基准估量出的房地产泡沫值较为合理。

二、房地产泡沫的预防

房地产泡沫的预警,就是对房地产泡沫的产生发出预告,对房地产泡沫的严重程度做出判断,对房地产泡沫的破裂发出警报。要准确地预警,必须建立一套科学合理的预警系统。预警系统建立的方法较多,下面主要介绍借鉴金融危机的预警方法。

（一）确定预警指标的权重

各个预警指标的灵敏度不同,在预警系统中的作用大小也就不同,因此要对预警指标进行对比,确定其权重。权重是否合适,还要根据历史数据进行统计检验。

（二）确定指标临界值

预警指标的数据变化达到预兆泡沫变化的水平,称为临界值。临界值的确定原则是,在临界值点上,房地产泡沫将会发生变化,而未发生预报的概率与发生错误预报的概率相等。在实际操作中可以根据房地产经济运行的状况,将房地产泡沫明显变化时期的指标定为临界值。

临界值主要包括两种：一种是房地产泡沫发生的临界值；另一种是房地产泡沫破裂的临界值。当预警指标普遍地超越了临界值的,就可以认为是发出了预警信号。

（三）预测房地产泡沫变化的时间

因为各个预警指标在预测房地产泡沫变化时的敏感性不同,所以发生预报的时间不同。过高的土地转让增值税可能会使土地持有者认为转让不合算而长期保有土地,这样可能会减少土地的转手率。因此对土地保有增值也应课税,但两种税率不应重复计征。

合理设置房地产流转税和房地产保有税。房地产流转税和房地产保有税,对房地产市场的投机均有不同程度的抑制作用。视市场情况,适时调整税基和税率,是防范房地产泡沫的有效手段之一。

第六章 现代房地产经济的宏观调控与管理

在市场经济中,由于市场机制内在的缺陷和受外部各种因素与条件的影响,市场在很多领域都会出现自身无法解决的问题,即市场失灵。市场失灵有很多,如宏观性失灵,表现为供求总量失衡;公共性失灵,表现为国防、市政建设、生态环境保护等公共部门产品结构方面的失衡;垄断性失灵,即市场上的几家或独家供应商的垄断现象;分配性失灵,表现为单纯依靠市场机制的自发作用难以实现完全公正的收入分配等。这就使得政府的介入与经济干预成为必要。在市场经济体制下,政府的经济职能总体就是对国民经济进行全面性的规划、协调、服务和监督。

第一节 房地产宏观调控概述

一、政策的含义和特征

(一)政策的含义

政策是人类社会发展到一定阶段的产物,是现代社会最常见的政治现象之一。中外学者一致认为,政策是指国家机关、政党及其他政治团体在特定时期为实现或服务于一定社会政治、经济、文化目标所采取的政治行为或规定的行为准则,它是一系列谋略、法令、措施、办法、方法、条例等的总称。

(二)政策的特征

不同类型、不同社会的政策会有不同的外部表象,但归结起来主要有五大基本特征。

1. 阶级性

政策的特征主要表现在它是为一定社会阶级意志和利益服务的。任何政策的制定和执行都是以维护本阶级政治上、经济上的利益为宗旨的,因此其必然会带有利益倾向性，这就决定了任何政策在本质上都必然具有阶级性。

2. 合法性

政策的合法性包括内容上的合法性和形式上的合法性。内容上的合法性是指政策所规定的行为准则、计划、措施能使公共利益得到协调、平衡；形式上的合法性是指政策制定过程是一套为人们所认可并接受的法律程序或习惯性程序。

3. 选择性

政策是客观见之于主观的产物，无论是哪个政府或政党制定的政策，或者无论是政策目标的确定、政策的设计和决断，还是政策的执行、调整、评估和冻结，都与政策制定者的经历、学识、认知、信奉的价值观取向紧密相关，且均是相关公共组织进行选择的结果。

4. 功能多样性

政策的功能是指政策所发挥的作用。由于整个社会是一个相互联系的有机系统，政策所指引的行动会牵涉社会的方方面面，因而根据政策作用对象不同，政策的功能往往不是单一的。这就要求在政策制定过程中，制定者和执行者能够对出现的问题做到综合权衡。

5. 权威性和强制性

既然政策具有合法性，那么政策在其适用范围内就具有普遍的约束力，也就必然具有权威性。一项政策并不总是符合所有人的利益，它往往会使部分对象做出利益的牺牲。即使政策符合所有人的利益，但也会存在长远利益与眼前利益相冲突的问题，因而政策的实施对于那些非自愿做出牺牲的对象来说就具有强制性。拒不执行政策或歪曲政策的行为，都将受到相应的处罚，从而使其权利或者利益遭受损失。

二、政策与制度的区别

（一）二者的稳定性不同

政策具有一定的稳定性，但政策的稳定性与灵活性是对立存在的。政策因问题而存在，随问题变化而变化。对于制度，从起源可以看出，内生制度具有相当大的稳定性，外生制度与内生制度相比，比较容易发生变化。

（二）二者产生的途径不同

所有的政策都是由政策主体包括政党、政府、政治团体及利益团体等人为设计出来的。而制度的产生有两种途径：一种是内在途径，即制度的形成是在人类长期经验的积累中演化而来的，并且未来也要用到它们。通过内部途径产生的制度称为内生制度，除正式制度外还包括诸如习惯、风俗、礼貌等非正式制度。另一种是外在途径，即制度的形成是由一批代理人人为设计而强加给其成员的。

（三）二者的实施机制不同

由于政策是统治阶级意志的反映，其实施必定以暴力强制为后盾。而制度的实施大致存在三种途径：一是以暴力为依托，这主要是指与政策相重叠的法律法规；二是依靠集体利益的精神来执行的团体章程和个体协议；三是对于风俗习惯、文明礼貌等内生制度的实施是靠集体意志来实现的。

（四）二者调控的范围不同

从时间上看，政策因问题而存在，随问题变化而变化，仅仅存在于社会的一定阶段。而制度则伴随着一种社会的始终。从空间上看，制度调控的范围是极其广泛的，小至公司、家庭、个人，大至同行业协会乃至国家的行为。相对而言，政策的范围则要小得多，只有特定的问题才是政策作用的领域。

三、房地产经济宏观调控的含义

宏观调控是指政府在市场经济运行中对社会经济总体的调节和控制。政府的宏观调控过程，实际上就是依据市场经济规律，运用宏观调节手段和调节机制，把企业的微观经济活动纳入宏观经济发展目标，使国民经济整体得到正常和有效运作的过程。宏观调控作为一种主体性行为，是对于传统的市场自发调节转变为经济自动均衡为中心的自由放任制度的扬弃和创新，它的作用对象是市场失效及市场短缺现象。

政府对房地产经济的宏观调控是指政府从总体上采用经济、法律和行政等手段主动干预房地产市场，它往往带有统一性的特征，但灵活性不足。房地产经济的宏观调控，是指以政府为主体，通过经济的、法律的并辅之以行政的手段，对整个房地产业和房地产经济运行所进行的宏观指导、监督、调节和控制，以发挥房地产经济在国民经济中应有的作用，保证其健康发展。

四、房地产市场调控政策的目标

房地产市场调控政策的总体目标就是保持房地产经济总量的基本平衡，优化房地产业结构，引导房地产业持续、快速、健康发展，提高人们的居住水平。其具体可分为总体供求均衡目标、优化结构目标、投机抑制目标及福利保障目标。

房地产业与其他产业相比既有共同性又有特殊性。因此对房地产经济的宏观调控，既要服从全社会的国民经济宏观调控的总目标，从全局出发考虑，同时又要根据房地产业本身的特点和特殊要求来设定房地产经济宏观调控的具体目标。

（一）抑制房地产投机，保证员工福利

房地产投机是一种以较高利润为目标、承担较高风险、具有不确定性、进行时间相对较短的房地产投资行为。在房地产投资、建设、交易与使用的过程中都会形成和出现不同类型的房地产投机行为，房地产投机需求会扩大市场需求，导致供求失衡，刺激房地产价格的非理性上扬，冲击房地产市场的正常运行秩序，进而引发房地产市场的泡沫，最终危及整个国民经济的健康发展。把房地产市场上的投机活动抑制在一定程度之内，或者完全遏止房地产投机行为，是政府房地产市场宏观调控的重要目标之一。

在信息不完全、竞争不充分的市场经济条件下，因为机会的不平等而导致不同人之间收入分配的不公平，从而产生社会的中低收入阶层。随着城市化和工业化的加速发展，住房供给与需求极度不平衡，这一问题造成土地价格和住房价格上涨，并超越了中低收入家庭居民的住房支付能力，导致了中低收入家庭的住房消费支付能力不足，换句话说，就是通过市场机制无法解决中低收入，特别是最低收入家庭的住房问题。政府出于社会责任，必须采取一定措施去帮助他们解决住房问题，从而尽可能使中低收入家庭居民安居乐业。

（二）房地产价格合理化，保持房价稳定

房地产价格是价格体系中的基础性价格，对于相关产品的价格具有重大影响，特别是房地产价格直接关系到居民的购房承受能力和居住水平。因此，实现房地产价格的合理化，保持房地产价格的基本稳定，也是对房地产经济实施宏观调控的重要目标之一。所谓房地产价格的基本稳定并不是说房地产价格固定不变，而是指房地产价格的涨幅保持在一个合理的界限内，避免房地产价格暴涨暴跌。从世界各国的经验来看，在经济起飞阶段，由于土地等稀缺资源价格的上涨和市场需求拉动等因素的作用，房地产价格必然呈现出一种上升趋势，因此房地产宏观调控的关键在于控制房地产价格上涨的幅度。一般规律是房地产价格上涨的幅度要小于居民可支配收入增长的幅度，并与房屋升值的幅度相协调。

在市场经济条件下，房地产价格是由市场机制调节的，但政府也可以运用经济、法律等手段，利用市场机制，在一定程度上控制房地产价格。一是通过控制土地价格和制定合理的税收政策，影响房地产开发成本，促进房地产价值构成合理化；二是通过信贷政策和财政政策，调节房地产供给和需求，促使供求平衡，从而实现房地产价格基本稳定；三是通过法律法规和工商行政管理等手段，规范房地产市场价格秩序，制止乱涨价、价格欺诈等违法行为，使房地产价格进入法制化轨道中。在房地产价格问题上，要把市场调节和宏观调控有机地结合起来，从而实现房地产价格的基本稳定。

（三）确保房地产业持续、稳定、健康发展

这是房地产经济宏观调控的最终目标。所谓持续发展，是指房地产经济的长期发展，不仅要考虑当前的发展，而且要为今后的长期发展创造必要的条件，绝不能片面追求当前的发展，而损害今后的发展。所谓稳定发展，就是要保持适当的增长速度，避免忽高忽低、大起大落的波动。所谓健康发展，就是按比例协调发展，既有正常的发展速度，又有比例关系的相对平衡，并且取得较好的经济效益。

对房地产经济实施宏观调控的最终目的是，通过房地产业的健康发展，一方面满足生产建设各方面的需求，促进国民经济增长；另一方面满足居民住房消费的需求，保证居民居住水平不断提高。

从总体上说，房地产经济的总量平衡和结构平衡是互相制约、互相促进的。总量平衡是结构平衡的前提和基础，总量平衡了，结构平衡就较易实现；而结构平衡则是总量平衡的重要保证，结构平衡可以促进总量平衡。

（四）优化房地产业结构，提高资源配置效率

结构协调和结构优化是房地产经济宏观调控的重要目标。结构协调，主要是指与现阶段经济发展水平相适应的合适的比例关系，协调发展；而结构优化则是指结构的升级换代。产业结构优化主要包括两方面内容：一是从国民经济全局来说，房地产业的发展要与其他产业的发展相协调，同整个国民经济和地区经济的发展相适应，这样既能带动相关产业和国民经济的发展，又与其他产业保持合适的比例，以保证国民经济协调发展。我国现阶段房地产业增加值在国民生产总值中所占的比例偏低，有较大的增长空间，随着经济的发展，其比例将逐步提高。二是房地产业内部的供给结构要与市场需求结构相协调，生产用房与消费用房，包括厂房、商业用房、办公楼、居民住宅、娱乐设施等各类用房，要符合市场需求的比例，一般来说住宅建设应占主体地位。而住宅的供给结构又必须与市场需求结构相适应，根据居民收入结构

合理安排高档房、中档房、低档房建设，以满足不同层次的需求，实现结构基本合理。通过结构平衡和结构优化，以达到充分合理利用房地产资源的目的，从而提高其资源配置效率。

（五）调节供求关系，实现房地产经济总量平衡

这里所说的总量平衡，是指房地产的供给总量和需求总量的平衡，这是房地产经济宏观调控的首要目标。从全社会的角度考察，房地产商品的社会总需求是指某一时期（一般为一年）内全社会或某一地区内房地产市场需求的总量，包括投资性的生产用房需求和消费性的生活用房需求两大方面。前者主要指对厂房、商业用房、办公用房等的需求，后者主要指对住宅和娱乐设施等的需求。房地产商品的社会总需求既包括国内、地区内的需求，也包括国外和地区外的需求。房地产商品的社会供给则是指由多种所有制经济主体投资建造的各类房地产商品的总和。房地产供求总量平衡是一个动态概念，由于房地产市场的供给和需求是随各种经济因素的变动而经常发生变化的，因此房地产供求的绝对平衡是罕见的，几乎是不可能的，宏观调控的目标也只能是求得房地产总供给和房地产总需求的基本平衡。房地产经济的总量平衡具有极端重要性，只有当房地产总供给和总需求平衡时，才能保证房地产市场的正常运行和健康发展，才能优化房地产资源配置，也才能保持房地产价格基本稳定。在实践中要尽量避免严重供过于求和供不应求的情况发生，避免大起大落造成的损失。

由于房地产供给和房地产需求的特殊性，在实现房地产供给和房地产需求的总量平衡时，要注意以下几点：其一，房地产商品固定性的特点造成其供给和需求的地区性特别强，所以要在一个地区或城市内实现房地产商品供求平衡。其二，房地产市场需求存在着潜在需求和有效需求的区分。潜在需求是指房屋消费的欲望，而有效需求则是指有支付能力的现实需求。房地产商品的供给总量不能以潜在需求为依据，而必须与市场有效需求总量相平衡。其三，房地产经济作为一个子系统，不仅要实现自身的供给和需求的平衡，而且要放在整个国民经济范围中加以考察，协调房地产经济总量与整个国民经济总量的关系，特别是地区经济总量的关系，从而实现其平衡发展。

第二节 房地产经济宏观调控的必要性分析

在社会主义市场经济条件下，对房地产经济实施宏观调控的根本目的是确保房地产业健康运行，并与其他产业协调发展，促进国民经济持续稳定增长。具体来说，对房地产经济宏观调控的必要性主要体现在以下几方面。

一、优化配置房地产资源的需要

宏观调控是社会主义市场经济体制下政府的基本职能之一。市场经济体制的基本要求是社会资源以市场配置为基础,但市场配置资源有自发性和盲目性等缺陷。为弥补市场失灵,保证其健康运行,政府必须对市场经济进行干预和调控。中国房地产经济作为市场经济中的一个子系统,其资源配置在充分发挥市场机制调节作用的基础上,同样要受政府的调节和控制,从而保证房地产业健康发展。土地和房屋是重要的社会资源,特别是作为房地产基础的土地,是一种稀缺资源,它的合理配置直接关系到国民经济的可持续发展,所以各国对房地产经济的控制和干预相对较强。

二、引导房地产业健康发展的需要

同其他产业相比,房地产业具有一系列特点。

①房地产是不动产,具有不可移动性,一旦形成建筑物就难以调整,所以必须由政府出面进行合理规划和控制。

②房地产投资具有投资量大、周期长的特点,从投入到产出一般要二三年时间,投资决策正确与否,要经受较长时间的考验,所以,对房地产投资的调控显得格外重要。

③房地产是价值量巨大、使用年限特别长的超耐用品,对整个社会总的供求平衡关系影响极大,所以对房地产投资必须进行有效控制。

④房地产交易是一种产权交易,要依法通过产权转让来完成,如产权的界定、分割、复合、重组、转移都要靠法律来确认和保证,因而需要用法律手段规范其运行。

上述特点,决定了政府对房地产业的宏观调控较之其他产业更为必要。

三、中国房地产经济发展的现状要求

我国房地产经济处于起步阶段,其发展的幼稚性也要求政府对它实施宏观调控。这种幼稚性主要表现在如下几方面。

①发展不稳定。20世纪80年代以前,其长期处于停滞状态,1992年开始进入迅猛发展期,超常发展,近年来又遇到有效需求不足的障碍,处于相对低迷状态。

②地区间发展不平衡,东部地区发展快速,西部地区则发展缓慢。

③竞争无序,市场运行不规范。

④房地产价格混乱,价格体系尚未理顺。

⑤作为市场主体的房地产企业生产经营活动缺乏经验，操作不规范。

这些矛盾表明我国房地产业的发展尚处于初始阶段，很不成熟，容易产生大的波动，因此，必须有政府强有力的政策扶持和引导，通过适当的宏观调控措施，促使其更快走向成熟，从而对国民经济的发展发挥其应有的作用。

四、促进国民经济持续增长的客观要求

房地产业既是先导性、基础性产业，又是国民经济中的支柱产业。房地产业的产业链长，同国民经济中的其他产业关联度强。房地产业的发展状况，直接影响相关产业的发展，对建筑业、建材业（如钢铁、水泥、木材、墙体材料、装修材料等）的发展甚至起到决定性的作用；同时，住宅建设和消费的发展，还会带动家电、家具和家用装饰品及其他产业的发展。所以房地产业是我国国民经济新的经济增长点。正是这种重要地位和作用，决定了房地产业的发展，直接影响社会总供求的平衡，其还对整个国民经济的发展至关重要。因此，对房地产经济的宏观调控，就成为政府对整个国民经济实施宏观调控的重要环节。

前述分析说明，房地产经济宏观调控是经济发展的客观要求，这反映了经济规律的作用，因此必须体现在房地产经济运行的全过程，而绝不是可有可无、时有时无的。社会上有一种"现在要宏观调控了"的说法是不正确的。事实上，对房地产经济的宏观调控是自始至终必须坚持进行的，只不过宏观调控的方向、力度和重点在不同时期有所区别而已。

第三节　房地产经济宏观调控的政策手段

一、房地产市场调控政策的划分

（一）按政策调控的对象划分

房地产市场调控政策可划分为土地政策和住房政策两大类。土地政策包括土地出让政策、土地收购储备政策等。住房政策依据作用对象可划分为商品房政策、经济适用房政策、廉租房政策；依据政策实施手段还可划分为住房金融政策、住房供给政策和住房分配政策等。

（二）按政策颁布的主体划分

房地产市场调控政策可分为中央政策和地方性政策。中央政策主要包括法律法规、部门规章和行政法规等。地方性政策主要是指由各级地方政府及人大颁发的一些地方性法规、实施细则、办法等。

（三）按房地产市场调控政策目标的实现手段划分

房地产市场调控政策目标的实现手段可划分为经济政策手段（经济政策手段又可分为税收政策手段、货币政策手段、产业政策手段等）、法律政策手段、行政计划政策手段等。

二、房地产市场调控政策的理论依据

（一）市场失灵

根据西方经济学理论，只有同时满足拥有充分的市场、所有的消费者和生产者都处于竞争状态、存在着市场均衡这三个条件，市场配置资源才是有效的。当其中一个条件不成立时，将产生资源配置的无效率，即市场失灵。市场失灵是产生政策调控需求的重要原因。市场失灵主要是由三个方面的原因引起的，即外部性、准公共物品和不完全竞争。

1. 外部性

市场主体的经济活动往往会产生外部效应，即市场主体的经济行为对其他人或企业产生影响，但又不需要为这种影响付出代价或给予补偿的情况。在经济生活中存在外部经济与外部不经济两种情况：前者指经济主体的行为使其他主体受益而自身却得不到应有的补偿；后者指经济主体的行为使其他主体受损而自身却不用为此付出代价。由于外部性的存在，市场机制的自发调节将难以达到有效配置资源的目的。这种外部效应是独立于市场机制之外而客观存在的，它无法通过市场机制来消除或减弱，往往需要市场机制之外的力量来加以校正或弥补。

2. 准公共物品

经济学的公共物品（public goods）是指那些由社会公众所共同享有的，具有非排他性和非竞争性的产品或劳务，如外交事务、公共设施等。而所谓私人物品（private goods），是指那些消费具有竞争性和排他性，而且能够准确地识别其他受益者的物品，如住宅、服装等。"准公共物品"是介于公共物品和私人物品之间的物品，这类物品具有局部的非排他性和局部的非竞争性，它可以部分由市场提供，部分由政府提供，或者由政府与市场分阶段提供。

3. 不完全竞争

市场机制只有在充分竞争的条件下，才能对资源实现有效的配置。然而，在现实生活中，垄断是广泛存在的。由于国家对一些行业实行特许经营，或是由于存在规模效益较强的部门，因此自然会出现垄断竞争的现象。一旦垄断形成，产生的结果将是市场价格超过实际边际成本，即出现过高的价格和过低的产量，从而影响市场机制作用的发挥，抑制有效竞争，导致资源配置效率低下。为了克服市场机制在一些方面的不足，我们就必须依靠政府的宏观调控。政府作为体制改革的推进者和市场发展的培育者，必须大力创建市场机制得以发挥的环境，并通过制定反托拉斯法、鼓励竞争、实施管制等来抑制垄断的形成。

中国的房地产市场不仅存在着外部性、不完全竞争的问题，还存在着中低收入者住房具有"准公共物品"的性质。因此，为促进中国房地产市场作用的正常发挥，就必须借助于政策手段对房地产市场进行调控。

（二）房地产产业政策的内容

通常所讲的产业政策，是指政府在某一时期为了实现本国社会经济增长和各产业之间的协调发展目标所采取的产业调整政策措施。一般根据实际情况分为产业促进政策和产业抑制政策两种。房地产业是国民经济中的重要产业部门，房地产产业政策，是政府通过产业定位、产业发展规划和政策导向，对一定时期房地产业发展制定并实施的基本政策，以此引导房地产业与国民经济协调、稳定、健康地发展。它是对房地产经济实施宏观调控的重要政策手段。

产业政策的主要内容包括产业结构政策、产业组织政策、产业技术政策、产业布局政策和产业联系政策等。房地产产业政策是由产业结构、组织、技术、布局等政策形成的体系。作为整个产业政策的组成部分，房地产产业政策是指在科学确定房地产业同国民经济各部门的比例关系的基础上，合理调整房地产业在国民经济中所占的比例及其行业结构，从促进房地产业的健康稳定发展出发，采取适当的产业组织措施，促进产业内部竞争，限制垄断等的单项产业经济政策体系。

由于行业本身的特殊性及产业政策本身具有间接指导性的性质，房地产产业政策一般划分为如下三个层次。

第一个层次是关系国民经济全局的总体房地产产业政策，主要是房地产产业定位和房地产产业发展政策。前者如房地产产业分类、房地产业在整个国民经济中所处的地位和作用、在国民生产总值中应占的比重等政策；后者如房地产业发展的规模和速度、影响商品房市场供给量和市场需求量的相关政策等。

第二个层次是房地产业内部的各类政策。其主要包括：以土地有偿使用为主的土地使用制度政策体系；房地产业内部产品比例结构调整政策；房地产综合开发和综合经营政策；房地产开发、经营的资金融通政策；培育和完善房地产市场政策；房地产管理政策；以住宅商品化为目标的住房制度政策；针对房地产经济的发展预测和战略对策的政策；涉外房地产经济发展政策；等等。

第三个层次是各类房地产政策体系中更为具体化的政策。例如，规范土地市场的一级土地市场国家垄断政策、土地使用权出让与转让政策、征地拆迁政策等；规范房地产市场运行的房地产市场交易政策、房地产价格政策、房屋租赁政策、物业管理政策等；实施城镇住房制度的住房供应政策、住房公积金制度、住房分配政策等。房地产产业政策的三个层次是相关联系、相互依存的。区分上述层次的主要目的在于明确不同层次的房地产产业政策的决策机构应有的权力和所承担的决策责任，以确保房地产产业政策的科学性。

三、房地产经济宏观调控中的财政政策

财政政策就是政府运用财政收支的各种工具，通过调节国民收入分配、再分配的方向和规模，以达到经济总量平衡和结构平衡目的的政策手段。在宏观调控中，财政政策具有最直接、最有效的作用。对房地产经济的宏观调控，财政政策也同样起着十分重要的作用。

财政政策的主要内容包括两方面：一是政府的财政收入政策；二是政府的财政支出政策。

（一）政府的财政收入政策

政府的财政收入政策主要是税收政策。政府通过税种和税率的变动来调节社会的总供给和总需求。税收是财政收入的主要来源，是宏观调控的一种重要手段。税收之所以成为财政收入的主要来源，是因为税收收入具有无偿性、强制性、固定性三方面特征。国家一方面向社会提供公共物品；另一方面又凭借政治权力向纳税人依法强制征税，取得固定收入。税收对房地产经济宏观调控的作用主要体现在以下两方面。

①税收对房地产市场消费需求的调节作用。在房地产市场交易中，税种增加、税率提高将使房地产市场需求减少；反之则会使房地产市场需求增加。

②税收对房地产市场供给的调节作用。房地产开发企业的税种增加、税率提高，导致开发成本上升，提交的预期收益减少，从而抑制房地产投资增长率；反之，税种减少，税率下降，预期收益增加，促使房地产投资增长率上升。例如，1997年我国取消了对房地产企业的48种不合理收费，减轻了

企业负担，使房地产开发投资迅速回升；契税从 6% 降至 3%，减轻了购房负担，促使了住宅消费需求的增加。所以，正确实施税收政策、合理收费，是对房地产经济实施宏观调控的重要手段。

（二）政府的财政支出政策

政府的财政支出政策的运用，主要是通过财政支出结构的变动来调节积累与消费的比例关系；通过财政支出量的变化来影响社会总需求的变动。由于积累性或消费性的支出都会转化为投资品与消费品的购买，即增支可以扩大社会总需求，节支可以缩减社会总需求，因而财政支出可以直接迅速地影响社会总需求量的变动。

从对房地产经济的调节和控制来讲，首先，在财政支出中，增加或减少房地产开发投资量，会直接影响投资品需求和房地产商品供给量。例如，近年来国家为扩大内需，增加对住宅建设的投资，既促进了房地产业的发展，又拉动了整个国民经济增长。其次，在财政支出中增加职工工资，实施住宅消费补贴，增强了居民购房能力，扩大了住宅消费，直接拉动了住宅消费需求。再次，通过财政支出结构的变动来调节房地产业在国民经济中的比重，以及调节房地产业内部各类房地产的比例。例如，房地产开发建设中，通过增加住宅建设投资、压缩办公用房与商业用房投资，促使房地产业内部结构逐步趋向合理。

四、房地产经济宏观调控中的货币政策

（一）货币政策的含义与任务

货币政策是指一个国家的中央银行通过一定的措施调节货币供应量，进而对货币的供给和需求产生影响，最终达到对国民总产出水平进行调节的目的的政策。货币政策涉及的内容非常广泛，既包括货币政策的最终目标与货币政策工具，又包括运用这些工具的作用机制、传导过程和进行监测控制其进度的各数量指标。

运用货币政策对房地产经济实施宏观调控，核心是控制投入到房地产业的货币供应量，主要体现在以下三方面：一是控制货币投放量，以保证货币供应适应房地产业发展的需要；二是控制房地产业的投资规模，使房地产市场供给量与需求量达到动态平衡；三是控制房地产信贷总规模，使之既满足房地产开发经营和支持居民购房的资金需求，又能防止过度膨胀，确保信贷平衡。

第六章　现代房地产经济的宏观调控与管理

（二）货币政策的主要工具

货币政策对房地产经济宏观调控的作用是通过一定的金融工具来实现的，具体工具如下。

1. 利率政策

利率是货币信贷政策最重要的杠杆。提高或降低贷款利率，可以调节信贷总规模；提高或降低存款利率，则可以调节居民储蓄。国家可以通过银行运用利率杠杆来调节货币的投放量。当信贷规模过大、资金供应紧张时，可以提高贷款利率、紧缩贷款，同时提高存款利率，增加储蓄。反之，则应采取相反的政策。1996～1997年，我国三次调低存贷款利率，并相应调低个人抵押贷款利率。2002年初国家又一次调低存贷款利率，这不但减轻了房地产开发企业的资金成本负担，为降低房价创造了条件，而且减轻了信贷购房者的利息支出，即鼓励居民贷款购房，对促进住房销售和住宅市场的发展起到了良好的推动作用。

2. 贴现率

贴现率是指对各种合格票据（如国库券、短期商业票据等）贴现的利率。也就是中央银行对商业银行及其他非银行机构贷款的利率。通过中央银行提高或降低贴现率的办法来影响市场上的一般利率水平，进而影响社会上的投资和消费水平及结构，从而达到调节国民经济的目的。各商业银行主要通过两种方式向中央银行贷款：一是将各种票据，如国库券等政府公债向中央银行再贴现；二是以自己所拥有的政府债券和其他财产作担保向，中央银行贷款。

在实际运用中，当国民经济出现衰退时，中央银行就降低贴现率，使商业银行感到有利可图，从而增加其从中央银行的贷款数量，进而扩大信贷规模；反之，如果国民经济出现膨胀，中央银行提高贴现率，使商业银行感到得不偿失，则商业银行就会停止或降低从中央银行的贷款量，即缩小自己的贷款规模。通过这种机制，中央银行就能运用贴现率来控制和调节社会的信贷规模，进而影响社会的货币供应量，从而影响对房地产业的信贷规模。

3. 公开市场业务

公开市场业务是指中央银行在公开市场上，通过买卖有价证券的办法来调节货币供应量，从而调节社会的总供给和总需求的金融业务活动。当国民经济出现衰退时，中央银行可以在公开市场上买进有价证券，增加货币供应量，从而刺激投资和消费，促进经济复苏。而当出现经济过热、通货膨胀时，则中央银行可以公开市场上卖出有价证券,减少货币供应量,从而抑制投资和消费需求,促进经济稳定。公开市场业务不仅从总体上调节房地产的供给和需求,而且通过买卖住宅债券,直接调节投入房地产开发和消费的货币供应量,从而达到控制房地产经济总供给和总需求趋向平衡的目的。

4. 法定存款准备金率

这种货币政策工具的具体运用是指中央银行通过提高或降低法定存款准备金率的办法,来增加或减少商业银行向中央银行交存的存款准备金数量,从而影响商业银行的贷款能力,促使信用收缩或扩张。当国民经济处于衰退状态时,为了鼓励投资、刺激消费,中央银行就可以降低法定存款准备金率以减少商业银行向中央银行交存的法定准备金,使商业银行可贷资金增加,达到信用扩张的目的,从而使整个社会范围内货币供应量增加。反之,如果经济处于要求过旺或通货膨胀的情况下,中央银行则通过提高存款准备金率,来增加法定准备金,使商业银行收缩信贷,从而达到紧缩货币供应量和经济的目的。同样,房地产信贷也受法定存款准备金率的影响和调节,从而使房地产总供给和总需求得以有效控制。

上述金融工具所体现的货币政策对整个国民经济都发挥着关键性的调节作用。作为国民经济重要组成部分的房地产业,它的开发建设和消费都离不开金融业的信贷支持。政府运用货币政策,合理安排流入房地产业的资金总量,就可以达到控制和调节房地产经济发展水平的目的。

五、房地产经济宏观调控中的投资政策

投资政策是指政府作为宏观经济管理者,根据国民经济发展的总体目标和产业政策的导向,对投资方向、投资规模和投资结构进行调节的政策手段。在市场经济条件下,由于企业是市场经济的主体,也是投资主体,因而除了政府投资可以直接控制之外,还可以运用经济手段进行诱导,以达到宏观调控的目标。

房地产投资政策主要把握以下两个方面。

(一) 控制房地产的投资规模

对房地产投资规模的控制首先要考虑投资规模选择的技术界限,其次要考虑房地产投资规模选择的经济界限。在房地产投资规模控制中最重要的是投资规模适度性的政策准则,这一准则主要由以下几个因素构成。

1. 投资目标准则

房地产投资是全社会固定资产投资的重要组成部分,受到一定时期国家

经济发展和结构调整总目标的制约，房地产投资规模必须服从宏观经济总目标的要求，避免盲目扩张或过于滞后，寻求一个比较合理、与国民经济发展相协调的规模。

2. 投资品保证准则

投资品是投资的物质基础。当房地产投资规模大于投资品可供量时，表明房地产投资规模处于膨胀状态。反之，如果前者小于后者，则表明房地产投资规模不足。也就是说，在有投资品保障的前提下，现实的房地产投资规模才是合理的。

3. 投资的市场需求界限准则

任何投资都会形成现实的和未来的生产能力和市场供给，并且最终都要受市场需求的制约。当房地产投资规模超过市场需求的规模时，便会造成因生产能力闲置而浪费社会劳动力和资源。

20世纪90年代初，房地产投资的高回报率曾误导一些房地产企业盲目扩大投资，90年代中期建成的商品房集中上市后，又造成了阶段性供给过剩、商品房大量空置。这是一个深刻的教训。所以，政府实施投资政策，要充分利用各种手段，引导房地产企业正确进行投资决策，把房地产投资规模控制在一个合理的区间内，使房地产业的发展与国民经济发展处于平衡状态。我国房地产业的投资规模应特别考虑居民有支付能力的需求。

（二）控制房地产的投资结构

所谓房地产投资结构，是指房地产业内部各种资金的使用方向及其各方面的比例关系。它一般包括：房地产投资主体结构，即制定正确的房地产投资决策、进行投资和提供资金单位；房地产投资客体结构，即各种房地产类型，投资于生产用房、商业用房、办公用房、游乐设施和住宅等方面的各种房地产类型。一般来说，住宅建设投资应占主体地位，在住宅中尤以满足中等和中低收入家庭需要的普通商品住宅为主。房地产投资时间结构，即房地产投资各要素在时间上的分配关系，也就是说，房地产投资在各个年份均衡增长，以与市场需求增长相适应，避免因过于集中而引起大起大落，造成阶段性供求失衡。房地产投资空间结构，即房地产投资要素在各区域中配置的比例关系，要力求做到地区分布相对平衡。目前，我国房地产投资70%左右集中在东南沿海经济发达地区，而中西部地区则相对落后，此状况应适当做出调整。

在我国，房地产投资中投资主体主要有政府和企业，政府投资仍占有相当大的比重。从发展趋势来看，今后政府投资的重点应主要放在基础设施、基础产品和支柱产业方面，住房建设的政府投资则应集中在具有社会保障性的廉价房、安居房等方面。投资主体应主要是房地产企业，政府投资应居于次要地位，政府只提供导向性的政策，而不是实际参与投资经营和决策。

六、房地产经济宏观调控中的法律手段

市场经济是法制经济，国家通过规范经济活动的准则来调节市场经济的有序运行。

对房地产业进行宏观调控的法律手段是指政府通过立法和司法，运用法律法规来规范经济运行秩序、管理房地产经济活动的一种方法。运用法律手段管理房地产经济，主要是通过房地产立法和司法实现的。法律手段具有强制性、规范性、稳定性，并具有普遍的约束性，是间接宏观调控的重要手段。

广义上的房地产法，是指调整房地产经济关系的各种法律和法规的总和。具体来说，就是指调整公民之间、法人之间、公民与法人及国家之间，在房地产权属、开发建设、交易管理等与房地产相关的各种社会关系的法律规范的总称。狭义的房地产法仅指直接调整房地产关系的法律法规，如《中华人民共和国城市房地产管理法》等。房地产法具有以下特征。

①主体多样性。任何组织和个人都会与房地产发生这样那样的联系，由此形成涉房利益关系，从而使房地产法律关系的权利主体和义务主体呈现多样性。

②调整关系的交叉性。房地产法属经济法、行政法、民事法下的子法，自然就有三种基本法采用手段的叠合交叉的特点。

③调整关系的综合性。房地产法调整的房地产关系较为复杂，既包括房地产所有者、使用者、经营者依法享有的所有权、使用权和经营权等各种社会关系，又包括房地产开发、经营、管理及涉外房地产等各项活动及其引起的纵向、横向的社会关系，因而综合性特征十分突出。

④权属的基础性。作为不动产的房屋财产和土地财产，其转移并非实际物体发生移位，而是权利主体发生变动（交易和转让），房地产权属的设定转移都必须办理权属登记，所以房地产法律规范是一个以权属为基础的法律规范。运用法律手段规范房地产经济手段，必须充分考虑房地产法的上述特点。

正是由于法律手段在宏观调控中有不可替代的作用，因此在整个资本主义市场经济的发展过程中，以及在各个不同的发展模式中，人们都十分注重运用法律手段、调控手段、经济手段，对房地产进行法律制度的健全，从而保证房地产经济活动的顺利进行。

我国已公布的房地产法规主要有《中华人民共和国土地管理法》《中华人民共和国城市房地产管理法》，以及一些有关的条例等，但"缺门"较多，很不健全，还需要借鉴国外的经验花大力气，去建立房地产法律体系。同时，还要加强房地产司法建设。近年来，随着房地产交易活动的扩大，涉房经济纠纷明显增多，加强司法工作，能够及时、准确、公正地解决各种纠纷，有力地打击违法犯罪活动，从而维护正常的房地产经济运行秩序，促进房地产业发展。

七、房地产业中的行政管理

（一）房地产业行政管理的必要性

行政手段包括行政政策、法令、规划及少量的指令性计划手段等，它是直接的宏观调控手段。相对其他行业来说，房地产业的行政管理和计划管理更为必要。这是因为：第一，土地是稀缺资源，不能再生。城市土地的合理利用和开发，是直接关系到城市建设可持续发展的重大问题，只有政府通过行政手段，统一管理土地，加强土地规划，才能保证土地资源配置的高效率，避免浪费。第二，房地产开发与城市建设发展的关系极为密切，盲目布置和开发会导致布局结构失衡，调整极为困难，或者要花费很大代价来调整。因此，必须由政府出面进行统一的城市规划，通过必要的行政法规来加以严格管理。第三，市场机制配置房地产资源固然能发挥基础性的调节作用，但同时也存在着盲目性、滞后性等缺陷，容易引起大起大落等不稳定性，从而造成供求失衡。

因此，政府必须通过行政手段和计划手段，实施必要的行政管理，直接干预房地产经济活动，以保证房地产业的健康发展。有鉴于此，世界各国政府都加强了对房地产业的行政管理，房地产开发经营已成为各国政府行政干预最深的一个领域。

（二）房地产业行政管理的机构划分

房地产业经济活动从投资立项到开发建设的生产领域，再到房地产流通与消费领域，都要涉及政府各种部门的参与、监督与管理，三大领域的管理环节很多，政府行使行政管理活动的跨度很大。房地产业的运行与发展同政府的行政管理关系十分密切。

1. 土地管理机构

土地管理机构应从土地资源的规划、利用和监督使用角度来设立机构。

中央设土地管理机构，地方设各级人民政府土地管理机构。国务院土地管理部门主管全国土地的统一管理工作，县级以上地方人民政府土地管理部门主管本行政区域土地统一管理工作，乡级人民政府负责本行政区域土地的统一管理工作。

2. 房地产行政管理机构

房地产行政管理机构是从房地产业资产管理和使用管理角度设置的行政管理机构。中央一级设有相应的行政管理机构，负责管理全国房地产业的各种经济活动。地方各级政府也设立房地产行政管理机构，管理本行政区域内房地产业的各种经济活动。

地方相关机构代表政府将土地使用权有偿、长期限地出让给房地产开发公司或其他企事业单位，土地受让者和相关机构签订土地使用合同。相关机构是征收土地使用费的主管部门，负责土地使用费的核定、减免审批和征收。该机构负责组织领导国土规划和建设工作；研究制定规划、地政、建设法规；综合协调建设系统的业务关系；承担城市的行政规划、地政地名管理。

地方房地产行政管理机构是政府组织福利商品房、微利商品房和集资建房的建设、分配、经营、管理和房屋租赁管理的职能部门。房地产产权管理处负责各类房地产产权登记、立项权力登记和管理及房地产档案管理，同时负责房地产纠纷调处工作。公证处负责单位、个人有关房地产买卖、转让、租赁、赠予、继承及房地产抵押公证等业务。

地方税务部门负责房地产业各种税金的收缴。地方工商局负责房地产企业的工商行政管理。

（三）房地产业行政管理的作用分析

①管理机构职责分明，为制定和实施房地产业行政管理政策提供了保证。为保证政策法令的科学制定与贯彻，必须重视建立房地产业管理的组织机构。这些组织机构一般应分为四类。

其一，决策机构。决策机构主要负责有关计划和政策的制定与审议，不处理具体事务。例如，我国香港地区的土地发展政策委员会、地政工务科、城市规划委员会、房屋委员会、房屋科、咨询委员会。

其二，执行机构。执行机构主要制定房地产政策与法规，并进行有效管理。例如，新加坡的建屋发展局（负责组织全国公屋的开发与建设）、建筑管理署（负责建筑管制）、裕廊镇管理局（负责工业用地的开发）、港务局（负责港口用地的开发与建设）；日本的住宅金融公库、日本住宅公团、宅地开发公团等。

其三，保障机构。这主要是指国家和地区的有关土地契约登记、物业估价、土地审裁等机构。

其四，监督机构。这主要是指对房地产政策与法规的执行进行有效监督的机构。例如，在香港有两个监督系统：一个是全港有关部门的监督系统；另一个是本系统内的监督系统，如房屋委员会中的财经小组委员会、建筑小组委员会，负责监督房委会各项财政开支、建设计划的执行情况，建设条例执行处则对楼宇建筑违章进行监督管理。

②加强土地管理，可以实施可持续发展战略。土地政策是宏观调控的重要手段。为了保证土地特别是城市土地的合理利用和节约使用，发挥土地资源的最大效能，政府必须通过行政立法等行政手段措施加强土地管理。

③制定房地产开发建设计划，协调与国民经济发展的关系。房地产业是国民经济的重要组成部分，既受到国民经济特别是地区经济的制约，又促进国民经济和地区经济的发展。为适应国民经济发展的要求，各级政府和相关部门要根据实际情况制订房地产开发建设计划，把房地产投资纳入社会总投资规模之中，控制投资增长速度和开发建设规模。计划手段主要突出战略性、宏观性和政策性，应以中长期指导性计划为主，并实行必要的指令性计划。

④搞好城市规划，可以保证房地产开发紧随城市发展的方向。城市规划是政府行使对房地产业行政管理、调控房地产开发的重要手段。世界各国的中央政府和地方政府都运用相应城市规划法或城市规划条例来规范房地产开发行为。城市规划是城市建设发展的整体布局，而房地产综合开发则是其中的一个局部。房地产开发应服从城市规划的管理，必须坚持从全局出发的原则，才能达到经济效益、社会效益和环境效益的统一。

⑤通过财政、金融等经济手段对房地产开发进行宏观调控。税费的征收既是各国财政收入的重要来源，也是政府对房地产开发建设进行管理的重要经济手段。房地产金融是保证房地产开发顺利进行的重要经济条件，对房地产金融调控也是政府在宏观上对房地产开发建设进行调控管理的重要内容。经济手段一般包括两个方面：一方面是根据不同时期的政策目标对不同类型的房地产开发建设实行差别税费政策，如美国政府对住房合作社建房征税的税率仅相当于应纳税额的15%；另一方面是提供财政拨款和贷款，如日本政府的部分财政拨款主要是用于公共住宅建设及低收入家庭的预购房补贴。

第七章 现代房地产经济学的相关问题透视

与其他的产品相比,目前房地产市场其实是一个很初级、市场化程度很低的市场,在繁荣的表面下,埋藏着众多深层次的矛盾,其影响着经济的发展。研究现代房地产经济学相关问题,应仔细思索地价问题、房价问题和经济调控问题,只有明晰这些问题,才能深入理解现代房地产经济。

第一节 地价问题

一、工业用地与居住用地价格的价格差巨大

审视工业用地与居住用地比价的实际数据,首先可以查阅原国土资源部公布的相关数据。原国土资源部每季度都会发布全国主要城市地价检测报告。国土资源部中国土地勘测规划院发布2018年第四季度全国主要城市地价监测报告,其数据显示,全国地价总体水平持续上行,各用途地价环比、同比增速均有所放缓。2018年第四季度,全国主要监测城市地价总体水平为4335元/平方米,商服、住宅、工业地价分别为7600元/平方米、7080元/平方米和834元/平方米。图7-1为2018年第三季度和第四季度全国主要城市分用途地价水平。

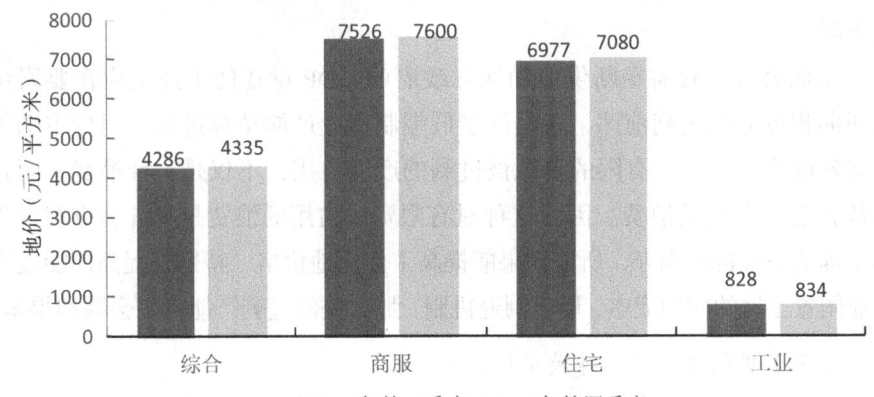

图7-1 2018年第三季度和第四季度全国主要城市分用途地价水平

工业用地每年都微量上升，但是与快速上涨的居住用地的比较，两者的差距不仅没有缩小，反而在持续扩大。工业用地出让价格过低，与居住用地比价不合理，在经济发达和欠发达地区普遍存在。这些公开的数据中均可证明，城市工业用地与居住用地比价不合理，并已发展到相当普遍和严重的程度。

二、工业地价与居住地价不合理的弊端

（一）工业用地比重大导致环境污染严重

工业用地比重过大，导致土地、水和空气等生态立体环境严重污染与透支。工业用地的低地价乃至零地价必然导致工业用地需求过大，比重过高。工业用地比重过大在人口众多的特大城市也不例外。

工业用地比重过大对环境的损害十分明显。众所周知，工业生产对土地、水和空气等自然环境的损害远高于其他产业，其中重化工业对土地的损害特别严重。在工业用地中，电子工业用地表面无毒味，但其地下水被重金属严重污染，危害长久。工业过度发展对环境的损害目前已由土壤、地表水和地下水扩展到空气。大范围持续多日的严重雾霾天气愈演愈烈。

（二）工业生产产能过剩

工业低水平生产状况严重，产能严重过剩，降低了资源配置效率。工业化是各国特别是大国现代化的必由之路。但是，现在我们需要发展的是新型工业化而非传统工业化。传统工业化以低技术、低成本要素投入和大规模无差异产品生产为特征，生产占地多、耗能多、污染大，产品技术含量低，在技术更新步伐不断加快的背景下，产能极易过剩。我国工业化之所以大多停留在传统模式阶段，固然与工业技术水平低和国内城乡市场需求多层次相关，但也和土地等要素价格扭曲相关。因工业用地廉价过量供应，土地利用率不断下降。

土地公有、政府垄断供应和地方政府的 GDP 竞赛使土地供应在要素价格扭曲程度方面名列前茅，这是许多低端制造业产能持续过剩、很少主动关停并转的主要根源。有限的资源被过剩的产能占用，不仅是一种浪费，而且其危害超过普通的浪费。因为这种对有限资源占用的浪费是对社会应有进步和幸福的一种持续剥夺，所以如果能提高工业用地价格，特别是提高产能过剩企业闲置土地的使用成本，形成倒逼机制，那么关停过剩产能肯定会顺利得多。

（三）居住用地不足导致房价高涨

居住用地供给相对不足，推动房价持续高涨，抑制了居民其他消费需求。

近十年改善城镇居民生活条件的热点和难点莫过于住房,而改善城镇居住条件最直接、最有效的办法莫过于增加居住用地供应数量。但是众所周知,土地有限,城镇土地更有限,问题最终似乎难解或无解。其实不然,因为以效益为目标的工业化和农业的现代化本质上都是人类对要素资源包括对土地的集约利用,所以真正科学、有效的现代化只会改善人地关系,而非相反。但审视我国的工业化和城市化,居住用地的供应则被相应压缩,这是住房价格持续高涨的症结所在。

房价高对投资者和银行均是利,政府虽有压力,但却是住宅用地价格上涨的得益者,而普通工薪阶层在高房价、高房租下成了"房奴",他们的大半收入用于支付房贷、房租,其他应有消费被抑制,从而阻碍生活改善和劳动者素质的提升,导致经济和社会难以进入良性循环,这是地价剪刀差对经济的深层伤害。

(四)加剧贫富分化

土地比价悬殊,有悖公正和公平原则,从而加剧贫富两极分化。公正和公平原则是社会关系和谐、经济活动有序运行的主要支柱。政府作为公共管理机构通常被认为是公正和公平原则的执行者和维护者。但同一地区的土地,用于工业的可以低于成本价格出让,用于居住用地则以工业用地十倍乃至数十倍的价格出让,这明显有违公正和公平原则。

现在居住用地在市场公开拍卖,通常价高者得,表面上是公平竞争,实质是把土地拍卖视为私有商品拍卖,无视土地资源数量的有限性和占有的垄断性,无视政府作为公共管理机构有效控制地价,从而挫制住房价格的责任。

如果说历史上的工农业产品价格剪刀差实质是农民为工业化所缴的隐性税负,那么当今工业用地与居住用地的价格剪刀差实质是城镇居民为补偿政府廉价出让工业用地而做的贡献,显然这有悖社会公正和公平原则。

(五)要素价格扭曲导致内外经济失衡

要素价格扭曲,导致内外经济失衡,隐性国际经济负担不断加重。外向型程度高是目前我国经济的一大特色,其实这也离不开廉价工业用地的支持。长期以来,正是国内要素价格的扭曲支撑了广大出口加工企业有效实施低成本领先战略。但是这种模式难以持久。众所周知,我国虽然已经成为世界工业品制造和出口大国,但基本是低端产品,多数行业处于国际分工低端,产品附加值整体偏低。因此,在经济国际化的背景下,工业用地价格扭曲,表面是支持工业经济发展,实质是对众多廉价外加工的支持。与此同时,在我国的日本、欧美等跨国公司利用我国的廉价工业用地和熟练劳动力,成就了他们的价值链,即产品利润大多转移到国外,留下的GDP与我国国民的实际收入并不相配。这说明,作为工业品制造和出口大国,我国的隐性国际经济负担在不断加重。

我国低层次的外向型加工业发展越多,这种隐性国际经济负担也就越重。如前所述的土地比价不合理产生的多项弊端,均与企业不断扩大低端外加工相关。因此,建立工业用地与居住用地合理比价机制,提高工业用地价格,既是倒逼企业转型升级的要求,也是理顺要素价格体系、减轻我国隐性国际经济负担的要求。

三、工业地价与居住地价"剪刀差"的主要原因

中华人民共和国成立至今,我国走出了一条低成本的工业化道路,低工业地价就是重要的表现,特别是改革开放以来,随着各地招商引资竞争的加大,一些地方政府甚至推出"超低地价"和"零地价",这种不合理的恶性循环竞争导致了我国工业用地价格普遍过低,甚至低于土地取得费、土地开发费及规定的相关税费之和,造成了土地收益的大量流失;另外,随着我国居住用地招标拍卖挂牌制度的实施和城市化进程的推进,房价不断走高,居住地价也持续上涨,与工业地价形成了明显的反差,由此形成了土地市场上工业地价和居住地价之间的"剪刀差",从工业用地和居住用地出让的方式及目的可以看出,造成中国工业地价和居住地价"剪刀差"的最主要原因是土地出让方式及出让目的的不同。

(一)土地出让方式不同

目前,一些地方工业用地出让方式尚未完全进入招、拍、挂出让轨道。而居住用地基本全部都以招、拍、挂的方式出让,且采取"价高者得"的竞争方式,在我国房价持续上涨的趋势下,导致了居住地价在"价高者得"的竞争机制下有了较大幅度的上涨。

(二)土地出让目的不同

在出让目的方面,政府出让工业用地最主要的目的是引进外资与建设项目,从而促进本地区经济的增长。地方政府之间的竞争和地方政府利益的驱动,导致了我国工业用地价格一直偏低;而地方政府对于居住用地的出让,主要目的是实现土地的收益,增加地方的财政收入,并非以实现本地居民福利最大化为主要目标。因此,正是因为我国工业用地和居住用地出让方式及出让目的的不同,导致我国工业用地和居住用地价格之间形成了土地价格"剪刀差"越来越大的异常现象。

四、治理地价"剪刀差"的对策

（一）更新政府公共管理理念

政府公共管理理念的更新，应以优先改善民生理念取代生产增长优先理念。其本质是正确处理生产与生活的主从关系、发展速度与发展质量的主从关系，杜绝以牺牲生态环境和生活质量为代价，换取片面的数量型经济增长。保障人民群众呼吸新鲜的空气、喝干净的水、吃放心的粮食，维护人类生存的基本环境质量。唯此，才能明确体制改革方向，进而从管理理念上主动支持建立合理的土地比价机制。

（二）改革干部政绩评价体制机制

必须改革干部政绩评价体制，把提升居民生活质量放在首位，并具体落实到改善生态环境、公平收入分配、完善社会公共服务和惩恶扬善等方面；还应公开干部考核、评价指标，杜绝干部唯 GDP 评价体制，特别需要建立耕地保护和生态保护两大"生命红线"的地方主要领导者核与责任追究机制。

（三）优化城镇建设用地规划

以全面提升居民生活质量为主，优化城镇建设用地规划，严格控制工业用地数量和比例，增加居民生活用地包括绿化用地数量和比例。提高工业用地价格，扭转土地等要素价格扭曲现状，控制工业用地与居住用地的比价。同时应配套改革土地有偿使用方式，改次性批租缴纳土地出让金为土地年租制。企业每年按照土地租赁面积和等级缴纳土地使用费，避免因提高工业地价而在短期内大幅度增加工业企业负担。同时应严格控制存量工业用地炒卖和改变用途，避免国有土地资源和资产的流失。

第二节　房价问题

一、房价变动市场分析

（一）住房需求分析

1. 住房的居住性需求

住房的存续和使用年限很长，在经济学上，建造和购买住房不属于消费，而是归入投资类别。但是，供人居住是住房的基本功能，人们购房的初始目的毕竟是居住，其他类型的需求都是从此衍生出来的。本书把那些自住的购房行为，称为居住性需求，这实际是一种消费需求。

从个人家庭效用最大化的角度来看，中国人安居乐业的传统思维使得购房偏好特别强烈。没有自己的住房，就没有稳定的家的感觉，就是漂泊不定。很多家庭数十年节衣缩食就是为了攒钱购买住房，在很多城市居民的眼中，儿女结婚后都应有自己的住房。这种传统思维具有深刻的经济学含义，拥有一套住房可以给婚姻和家庭增加保险系数。当前社会处于改革深化过程之中，未来变幻不定，社会保障不健全，人们认为只有购买了自有住房才可以提供最为安全的保障，哪怕通过按揭方式拥有的。一方面，在通货膨胀长期预期下，按揭购房的负担逐年下降；另一方面，房价不断上涨增加了居住者的消费者福利。两相比较，较高首付款的按揭购房模式被人们广泛地认同。

2. 住房的投资性需求

住房本身具有消费和投资的双重功能。一般消费品，其使用价值不断消损，一经使用，价格便会下降。而作为一种主要的不动产，住房占据稀缺性日益凸显的土地资源，其使用年限越长，价格增值的可能性越大。基于这一特性，住房可以通过按揭贷款来购买，也可以充当抵押品申请信贷资金从事其他投资。

从微观主体投资理财的角度看，购房投资是介于生产性投资经营和金融投资之间的一种投资方式。住房投资，除了住房本身的不动产特性外，还往往受到生产性和资本性两个投资市场的影响。如果生产性实业投资的渠道不畅、社会交易成本太高，会导致大量资金被排除在正常的增值领域之外。如果资本市场不发达，资本工具不能满足投资的需要，人们将不得不采取交易成本较高的实物住房投资方式。

3. 住房的投机需求

投机行为曾经被视为一种极其恶劣的经济犯罪，冠其名曰投机倒把罪。随着市场经济体系的建立，投机与投资的界限逐渐模糊，人们对投机行为的认识发生了根本转变，刑法中的投机倒把罪已被删除。

投机主要指低价买进、闲置、等待涨价后卖出的行为。投机与投资的界限在于是否囤积居奇、待价而沽，有时候两者由于兼而有之而使界限模糊、难以有效区分。投资更看重投资品的使用价值，主要是出租，也包括自用。投机则主要看其价格的波动，往往不涉及具体的使用环节。

（二）住房市场供求弹性分析

三类性质截然不同的住房需求，其需求主体在市场上所处的形势不同，导致各自的价格弹性存在很大的差异，由此使得住房市场的均衡变得复杂起来。

住房市场的需求与供给弹性是指交易双方对于价格变动的反应程度,其大小反映了当市场行情不利于自己时,减少市场参与甚至退出市场的能力。弹性大的,可以在价格变化时,选择有利于自己的方案;弹性小的,可选方案少,在价格变动时必须出让较多的利益给对方。

住房市场的三类需求中,居住性需求的弹性最小,具有刚性。在一个市场中,处于刚性的一方往往不得不忍受对自己不利的交易条件,在房价上涨过程中处于最为不利的地位。各种房地产政策的目标指向也多旨在保护这种居住性需求。住房的投资和投机性需求的弹性很大,尤其是投机性需求对于房价变动异常敏感。住房市场的供给弹性受其生产经营特征的影响:土地供给有限,导致住房缺乏供给弹性,尤其是在短期内。

相比较而言,供给弹性大于居住性需求弹性,其原因在于:第一,开发商有退出市场的相对自由,可以在某一建设项目完成之后选择其他行业的投资项目,而购房者却没有这样的自由。第二,开发商的投资行为较为灵活,而且经常违规操作,突破国家土地开发政策限制。第三,与购房居住时间动辄几十年相比,住房的建造时间较短,可以调整建设速度和面积,如推迟开发、拖延建造工程推迟发售等。不过,与投资、投机需求相比,住房的供给弹性要相对小一些,因为开发商需要支付较多的固定成本而迟滞了其规模调整时间;与建设住房的投资供给相比,购买住房的投资和投机需求容易迅速改变。

当出现对自己不利的条件时,会快速做出反应的首先是弹性最大的投机炒房客,其次是投资购房者,再次是开发商,最后才是拥有刚性居住需求的普通购房者。投机者非常敏感,如果其所购买的住房数量占住房总量的比重不大时,其快速反应会给市场带来警示作用,从而有利于资源的高效配置;但如果其所购买住房数量占住房总量的比重较大时,其快速反应则会造成住房市场的剧烈震荡,对其他居住性需求者、投资需求者和开发商都会产生程度不同的损害。

二、房价上涨原因分析

(一)内在因素分析

1. 需求方面

对住房消费的需求主要来自三个方面:一是改善住房的需求。人们收入水平的提高及较低的银行贷款利率为城市居民改善住房提供了有利时机,从而增加了其有效需求。二是农民进城产生的住房需求。三是旧城改造和城市建设产生的需求。我国目前很多城市为了改善城市面貌，采取了旧城改造和城市建设等措施，由此产生了大量的住房需求。

2. 供给方面

随着我国经济的快速发展，建设成本不断提高，也推进了房价的上涨。近年来，居民消费价格指数稍微偏高，建材、钢铁、砂石、金属材料等价格就不断上涨，并且随着国家环保力度的不断加大，水泥、钢材等高污染企业的治理成本提高，其涨价效应必然会传递到房地产的成本中，开发商的利益导向使得房价随着成本也不断提高。税收方面，国家出台的措施有交易税和出售房屋所得税两项，但在实际的买卖与征税过程中，交易税大部分其至几乎全部转移给了买方，所得税也部分转嫁给了买方，结果都实质性地提高了房价，增加了买方的负担。

因为供给弹性较小，而且供给方面的成本对房价的上涨也存在很大的压力，所以面对旺盛的需求，这种不平衡的差距会逐渐加大，造成价格持续上涨。

3. 供求结构不合理

由于高价位、大户型商品房获取的利润高，在经济利益的驱动下，导致非住宅建设速度快于住宅，高价位住宅建设速度快于低价位住宅。经济适用住房供不应求的现象在各大城市普遍出现，但经济适用房明显供应不足，从而形成了一种不合理的供给结构，即高档住房偏多而与绝大多数居民的消费能力相适应的经济适用房的供应明显不足。在高档住房的成本推动和中低档住房的需求拉动的共同作用下，引起了房价的全面上涨。

（二）外在因素分析

1. 居民消费观念扭曲

长期以来，我国居民在"小康不小康，关键看住房"的观念和住房按揭贷款政策的支持下，不考虑自身能力和适度消费观念，纷纷依靠信贷资金购买大房、好房。而且，近几年又出现了新的形势，即居民的消费观念正由原来的"居住型"向"享受型"转变，原来的一次性购房，一步到位的思想也逐步改变，二次置业、三次置业的消费人群逐步扩大，这也刺激了房地产业的发展。

2. 投资渠道单一

由于股市长期低迷，银行利率不断下调，社会高收入人群积累的财富急于找到合适的投资保值的渠道，因此商品房投资作为相对风险较小、不用太多专业技术和管理能力的投资渠道受到投资者的青睐。

3. 投机需求与短期炒作

各地都不同程度地存在着房地产投资、炒作的问题，从而导致房价越来越高。在买涨不买跌的心理影响下，人们纷纷跟风，进一步加剧了房价的上涨。在人民币升值的压力下，国外的机构、投资者或者个人纷纷进入中国的房地产业，从而造成一些地区房地产的虚假繁荣，引发人们对房产的更高期望。

4. 地方政府推动房地产发展

与其他商品不同，房地产商品具有区域垄断性，房地产发展带来的税收、就业、土地收入大部分转化为当地地方政府收入，而很难流失到其他地区。这使得房地产产业发展的大部分成果可以为地方政府所享有。因此政府都有强烈发展房地产业的冲动。经营城市就是经营土地，城市面貌的改善、GDP上涨，推动房地产业发展是最直接、最迅速的方法。

5. 房地产市场各利益相关方之间的博弈

开发商是以利益为导向的，在成本一定的情况，房价越高，其利润就越大。全球房地产利润率都在 5% 左右，而我国开发商的利润率达到 30%。房地产业对地区 GDP 增长及税收增加举足轻重，地方政府为了追求政绩和地方利益，当然不希望房价下降。另外，作为贷款方的银行也不希望房价下降，因为如果开发商利润下降，势必造成还贷困难，而且在银行信贷中，住房贷款可以说是银行最优良的贷款品种。所以，各方之间的利益博弈使得房价只能持续上涨而很难下降。

三、房价上涨的经济影响

（一）经济资源利用率低下

房地产价格过高，房地产业的过度开发，会导致社会经济资源利用效率低下，甚至是浪费，主要表现在以下几个方面：第一，房地产高价导致经济资源过多地流向房地产业。根据最优的生产要素组合理论和机会成本理论，某些生产要素从别的行业转移用于房地产开发，可能会导致机会成本上升和资源利用效率低下。目前，房地产开发企业为了获得更多的利润，就盲目地开发，并采取粗放型开发建设方式，从而导致某些生产要素的浪费或利用效率低下；第二，房地产高价刺激房地产企业的盲目开发建设。房地产开发企业并不是完全理性的"经济人"，对房地产进行开发时往往具有盲目性。他们仅仅看到了目前的高房价、高利润，并没有对其所处地区的房地产需求结构需求量做出准确的分析，于是就盲目地开发建设，造成了房地产供需关系的失衡；房屋空置率上升，造成了资源的浪费。

（二）房地产企业运营效率低下

房地产业是具有规模经济的行业，随着开发量的扩大，开发商可以获得生产上、采购上、管理上和资金上等多方面的成本节约，从而带来企业运营效率的提高。房地产高价导致房地产开发商数量的剧增，但是增加的企业多为规模小、资质低的企业，无论其绝对数还是比重都是增加最快的，这也在一定程度上造成了资源利用效率的降低。

（三）损害房地产市场竞争秩序

价格具有利益激励的作用，合理的价格有利于调动企业生产经营的积极性，开展有效竞争，从而提高企业乃至整个社会的经济效益，但当前房地产高价的刺激使很多房地产经营企业在市场竞争中，为了获取超额利润甚至是牟取暴利而不择手段，从而损害了市场竞争秩序，导致企业和整个社会的经济效益低下。

（四）造成要素价格上涨和通货膨胀压力增大

房地产高价带动了相关生产要素价格的上涨。高房价在刺激房地产业快速发展的同时，由于需求的急剧扩大，也会引起相关生产要素价格的上涨。另外，在现实经济中凡是能对银行信贷活动产生影响的经济变量必然会对实际货币供给量产生影响。我国房地产信贷额每年都在增加，这对银行的信贷结构产生了影响，进而对货币供给也产生了影响。

（五）城市建设成本上升

由于房地产市场价格具有区域上的差异，一方面房价过高，造成中心城区销售速度放慢，空置楼增加，这是市区经济繁荣和商业繁荣都会带来的不利影响；另一方面，消费者无力负担城市中心地带的高房价就会转向房价相对较低的城市边缘区或是郊区，被迫放弃市政、商业配套完善的城区，这也会造成一系列的不利影响。

四、对房价持续上涨的平抑对策

（一）增加供给

供需矛盾是产生高房价的主导因素，那么增加供给就是解决问题的关键。首先，应该在保证国家粮食安全，严守耕地红线的前提下，增加土地供给的规模和速度。其次，提高土地利用率，制定严格的土地利用标准，限制高档住宅和别墅等土地利用率较低的房地产开发。最后，开通个人建房和合作建房的政策渠道，打破开发商建房的垄断，严厉打击开发商"捂盘囤地"的行为。

（二）抑制投资需求

增加供给是抑制高房价的根本之策，然而增加供给不可能一蹴而就，这是一个较长期的过程，那么希望在当前就能平稳抑制房价时，就须把着力点放在抑制投机需求上。同时对于抑制投机需求的政策选择不应当一刀切，而需根据市场供需情况做出选择。当市场供不应求且失衡严重时，应避免使用税收等调节手段，才防止卖方利用买方的刚性需求将税收转嫁给购房者，宜选择资格限购等硬性措施；而当市场供求失衡不明显时，使用税收等调节手段，既能抑制投机也能通过税收重新调节分配社会财富。

（三）改变地方政府依赖"土地财政"的局面

要改变地方政府依赖"土地财政"的局面，就需要从财政支出和财政收入两方面解决。

从财政支出来看，需要清晰界定地方政府事权，建立与其事权相应的财政权。在界定地方政府事权上，一方面明确政府与市场的边界，搞清政府的职能定位。应该由政府承担的事权不推卸，而对于可以由市场机制解决的问题，要逐步从财政的支出范围中剥离出来，不大包大揽。另一方面，对地方政府和中央政府的事权也做明确划分，将地方财政支出范围界定在诸如地方行政、文化及经济等区域性公共服务上，使地方政府"有所为，有所不为"，以期达到地方事权和财政的统一。

从财政收入来看，要解决地方政府在改变依赖土地收入后如何保障财政收入的问题，一方面，可以从调整产业结构出发，转变经济发展方式，利用有限的土地资源发展有竞争力的新型产业，增加税收，减少对土地税收的依赖；另一方面，要适时开发既能保障地方政府稳定财政收入，又能抑制投机稳定房价的新税种，同时在严格控制风险的情况下允许地方政府拥有发行有限债券的权力。

（四）加强对房产中介机构的监管

目前，我国房产中介机构规模庞大，从业人数众多。与之相对，我国对于房产中介机构监管政策几乎还是一片空白，因此对于房产中介机构恶意推高房价无法进行有效监控和处罚。这也导致了房产中介机构在推高房价时有恃无恐。规范房产中介机构行为，需要从几方面入手。首先，为房产中介机构制定行业标准，严格准入制度，淘汰一批资质过低的房产中介机构，使这个行业能在符合规定标准的"起跑线"上展开竞次。其次严格控制各房产中介机构规模，防止房产中介机构形成垄断。再次，制定惩罚发布虚假高房价信息和市场炒作行为的法律法规，明确监管措施，提高中介机构违法成本。

五、房地产价格对收入分配逆向调节的机制分析

（一）居、工用地价格"剪刀差"对收入分配的逆调节

价格是价值的货币表现，任何一种产品或要素的价格与价值持续背离，本质上都是违背经济规律的利益的逆向转移，土地价格也不例外。工业用地与居住用地性质不同，但同源于土地有限供给，其比价失衡甚至形成"剪刀差"，必然导致土地供求比例失衡和利益的逆向调节。

在经济社会化、全球化的背景下，寻求要素的最佳投资组合，成为产业资本扩张的一种重要战略。我国地方政府为加快本地区经济发展，利用一切可以利用的条件加大招商引资力度，包括廉价出让土地。尽管中央政府在土地管理方面有相当严格的政策，包括用地指标限额、层层审批制度、土地出让的招、拍、挂制度和工业用地出让最低标准等管理规定，但是上有政策下有对策，事实及其相关数据证明，地方政府为鼓励厂商投资，普遍竞相廉价出让工业用地，其变相压缩了城镇居住用地比例，抬高了住房的价格。工业用地出让价格过低直接导致工业用地比重过大，居住用地比重相应过小，这也是住房价格持续高涨的重要原因。

工业用地出让价格明显低于地块实际价值，而居住用地出让价格显著高于其价值，由此延续和发展形成土地价格与价值的鲜明反差，即工业用地和居住用地的价格"剪刀差"。这是我国工业用地比重过高和居住用地相对短缺的一项主要制度根源。居、工用地价格"剪刀差"的经济本质是利益的一种隐性征收和输送，如果说计划经济时期工农业产品价格"剪刀差"是农民的一种隐性税负，那么如今的地价"剪刀差"，即政府一边廉价出让工业用地，一边高价拍卖居住用地，实质是使城镇居民在购买或租赁商品住房中，为城市经济运行做"贡献"。

从地价高低对土地利用的影响角度看，产业资本既然可以超低价受让土地，那么其在用地方面必然缺乏利益约束，难以自觉实现集约用地。这是在地方政府经营城市及其经营土地的背景下，工矿企业普遍粗放使用土地和居民住宅高层林立并存的政治经济学解释。从收入再分配角度看，这种在行政干预下具有"亲商"倾向的土地价格的"剪刀差"，实质上是对国民收入分配的一种逆向调节。

（二）投资住房税征收免征制度对收入分配的逆调节

投资收益一般与投资成本、投资风险成正比，这是经济运行的常规，但是在我国房地产领域，房地产价格持续高涨，由此形成了显著的房地产造富效应，其可以从全球富豪榜得到印证。当然，不直接从事房地产开发的高收入家庭，通常购房时间早、数量多，财富升值也不少。这种坐享其成的存量不动产巨额增值，来自城市经济的快速发展和繁荣，而收入主要归于少数开发商和高收入群体中的住房投资者。

税收是各国政府用于再分配国民收入，缩小居民家庭贫富差距和保障社会公共服务的重要手段。目前我国的房地产税收总量并不少，但是结构不合理，总体是重交易征税，轻（免）持有征税。"房姐""房叔"持有的住宅类房产再多，只要不进入交易，均可长年免交房产税。这种与计划经济时期住房公有制度相适合的住房税收免征制度延续至今，实际上已成为房地产投资的保护伞。

放眼世界，国外很多国家和地区不仅对自住房以外的房产征税，而且有专项"空屋税"和"空地税"，其可以有效调节收入和资源配置。我们的决策部门出于把房地产投资作为经济增长的主要动力，担心征收房产税影响经济增长，结果成就了房地产造富运动，该征税的不征，客观上是在逆向调节居民收入分配。

（三）城乡土地流转二元分割制度对收入分配的逆调节

我国城乡收入差距过大是经济增长向消费型、内生型转变的一个主要障碍。国际上城乡收入差距一般为2∶1，我国则超过3∶1。除了历史的原因，现实城乡收入差距过大，也与城乡分割的二元土地制度有关。

地方政府在所谓城市经营中，不断以城市建设和发展需要的名义前手从农村低价征用土地，后手高价拍卖给房地产开发商。名义上这是出让国有土地的收入，实际是农村集体土地增值转移的收入。政府征地的积极性既来自城市发展的需要，也来自农村土地与城市土地的巨大价差。农民在维护自己的土地权益方面明显处于弱势地位。一方面，现行的土地管理法规明确禁止农村建设用地自由转让；另一方面，农村土地毕竟是集体所有而非私有，农村基层组织更多是在为地方政府服务，不可能代表农民家庭与政府讨价还价。

党的十八大报告明确要求了"改革征地制度，提高农民在土地增值收益中的分配比例"，具体落实必须修改相关法规，其本质是秉持收入再分配的公平原则，维护农民应有的土地权益，在严格保护农用耕地的同时，消除城乡土地流转二元分割制度对城乡收入分配的逆调节。

（四）土地一次性批租制度对收入分配的逆调节

我国国有土地有偿使用制度自 20 世纪 80 年代末起推行，这是在要素市场化的背景下，国家在经济上实现土地所有权的要求，也是利用经济杠杆提高土地利用效率的要求。但是，在土地有偿使用的具体形式上，当时是模仿香港的土地批租制（其实香港也有年租制），而非实施一般的土地租赁制度。批租制的特点是，在土地交易时就一次性确定并缴付未来 40～70 年的土地使用费。由于未来的不确定性由土地受让者承担，因此，鉴于风险成本较大，出让方总会让渡未来土地部分增值收益，即土地出让期限越长，土地受让方的风险越大，获利也越多。可见，与普通租赁制度相比较，土地批租制实质上是一种鼓励土地投资和投机的制度。

房地产投资与开发区别于一般制造商的一个显著特点就是，他们不仅能制造和销售产品（房屋），获取平均利润，而且可通过规划设计和综合开发，提高土地及其房屋的价值，以获取土地追加投资产生的超额利润。我国城市土地有偿使用实行批租制，居住用地批租期统一长达 70 年，为房地产投资者获取这种超额利润创造了有利条件。近年来，从城市建设不断开发和优化的环境中获利最多的莫过于房地产商。因为他们销售房屋，同时销售环境土地批租制来确保环境改善带来的不动产增值归土地受让者。不难设想，如果国有土地有偿使用采用普通的租赁制，即年租制，房价中的土地成本就可大幅度降低，房价与收入比例也相应降低，更多的居民就可以购房，来改善居住条件，享受城市建设的红利了。放弃土地批租制，虽然短期内政府的土地收入减少了，但可以按年收租，而且可以定期调整土地租赁费标准，避免因房地产造富效应而扩大居民收入差距。

总之，现行土地批租制既是中低收入家庭购房、租房的屏障，也是房地产商投资长期获利的保障。房地产在扩大居民收入差距方面的影响，在多方面与土地批租制相关。从产权关系角度来看，土地是国有的，国民购买了符合政府用地规划的房产，只要按年缴纳土地使用费，没有必要再担心与房产连带的土地问题。从纵向经济关系来看，购房人也没有必要为下代和下下代人的居住支付那时的土地使用费，否则就有悖收入、消费和支付的社会代际公平原则。土地国有制是我国土地制度优越性的主要表现，城镇居民可以一次性购买房产，同时可以依据房屋所在区域和所占面积，办理土地使用权租赁手续，之后逐年缴纳土地使用费。这是消除由房地产引发的收入分配不公，建立房地产长效调节机制的必然选择。

第三节 经济调控问题

一、城市经营问题

（一）城市经营的风险

1. 政府管理职能"越位"风险

众所周知，城市经营的主体只能是政府，政府是否应当执行经营职能，我国经济体制改革的实践对此已有明确答案。传统计划经济体制下，政府集公有资产所有者和经营者为一体，否定企业经营自主权，否定市场机制的作用，使经济活动失去应有的活力和动力。

改革开放以来，经济体制的转变过程，实质是企业经营自主权的确立过程和政府职能的转变过程，即政府把经营权还给企业，自己主要从事经济调节、市场监管、社会管理和公共服务。事实证明，这是现代市场经济发展的正确方向。

城市经营虽然在经营对象和内容上与企业经营有所区别，但既然是经营，就都是以营利为目的的市场行为。体制转变尚未完成，政府又要回到经营者的位置，究竟是旧体制的惯性，还是新体制的创新，值得研究。城市经营在性质上属于政府的"越位"行为，不宜提倡，理由如下。

首先，政府执掌着行政管辖权，同时其产权相对模糊，一旦从事经营活动，因不具备企业具有的那种激励和约束机制，道德风险和机会成本都相对较高。

其次，政府是市场经济秩序的监管者，监管者自己从事经营活动，等于裁判员兼运动员，合二者为一，这是对市场公平竞争原则的否定。可见，政府的性质和地位决定着它不宜从事经营活动。这是提高微观运作效率的需要，也是规范政府行为，维护政府形象的需要。

总之，历史和现实都告诉我们，政府部门必须明确自身职能定位，除特殊需要，政府一般应慎谈经营，要彻底摆脱传统计划经济的羁绊，改无限政府为有限政府，依据市场经济发展要求，切实把政府职能转变到经济调节、市场监管、社会管理和公共服务上来，避免政府职能"越位"和"缺位"并存产生的种种不良后果。

2. 城市建设规模失控风险

积极推进城市建设是解决城市诸多问题的有效手段，为此，资金短缺和建设任务繁重，常常是政府管理城市所面临的主要矛盾。提倡城市经营多半是想突破财政收支的约束，利用政府信用负债开发，加快城市建设进程。应当承认，在经营领域完全依靠自身积累扩大规模很难有大的作为，因此，负债经营是经营者抢抓机遇，提升竞争能力的重要手段。但是，城市建设以经营方式大举负债，其可行性值得探讨。

首先，城市建设形成的基础设施属于公共产品，很难以经营方式回收资金。即使设法回收，周期也很长。其次，政府官员为追求政绩，普遍有扩大城市建设规模的偏好。虽然政府财政收入有限，但银行受其控制，考虑到政府的权力和信用，银行很少会限制政府借贷。由此极易推动城市建设负债经营超出适度范围，引发城市建设规模失控，建设债务无法按时归还。不少劳民伤财的"形象工程"就是在城市经营中接连推出的。表面上看，是银行经营不善导致不良资产增多，实质是政府主导信贷经营，盲目扩大城市建设规模造成的。

当然，实际承担城市建设债务风险的不仅有银行，还有参与城市建设的诸多企业。他们垫付资金承担建设项目，一是为了扩大市场占有率，增强企业竞争力；二是认为政府信用强于企业，不会发生赖账、逃债现象。如果城市建设规模失控，建设企业垫付资金就会被长期套牢。与此同时，上游的建筑材料供应商也难以收回款项，由此产生债务连锁反应，大批企业可能被拖垮。

3. 土地资本和耕地资源枯竭风险

土地经营是政府经营城市的一项主要内容。我国城市土地所有权属于国家，对企业经营性用地实行有偿使用，是利用市场机制优化土地资源配置，提高土地利用效率的必要措施。但是以经营模式管理城市，追求近期城市土地收益最大化，将使土地资本和耕地资源面临枯竭危险。因为土地属于非再生资源，城市土地更是有限。政府在经营城市中，为实现土地收益最大化，不仅要征收近期土地使用费，而且把土地未来收益也收入囊中。

4. 地方保护主义盛行风险

市场经济的发展要求破除地方封锁和垄断，在统一、开放、竞争、有序的条件下，实现生产要素和产品的自由流动与优化组合。这是社会利用市场机制优化资源配置的必要条件。为此，政府作为国家行政管理机关，应当是维护市场经济秩序，确保企业公平竞争的主导力量。但是，在城市经营的模式中，地方政府常常又是区域之间不正当竞争的组织者和支持者，这使市场经济演变为"诸侯经济"。我国地域辽阔，地区之间发展差别大，但这不能成为实施地方保护主义的理由。因为这种保护实质上是阻碍竞争，保护落后。当今市场一体化和经济全球化趋势不可阻挡，唯有主动适应这一潮流，才能加快地区现代化步伐。

5. 加重企业税费负担风险

政府经营城市在形式上拓宽了生财之道，增加了地方财政收入。其实，这是政府利用行政手段和市场化名义，对国民收入做有利于政府的再分配。因为在城市经营中，政府主要依靠对资源的行政垄断而获利，政府工作本身并不创造价值，广大企业才是财富的真正创造者。企业为了使用政府控制的资源，不得不支付相关费用。这些费用对政府来说是增加的收入，对广大企业来说是增加的成本。如此，在产品价格不变甚至有所下降的情况下，企业的经济效益可想而知。由此不难发现近几年政府财政收入高速增长，与此同时广大企业经济效益却并不理想，这多少与城市经营相关。尽管政府在经营城市中各种收费都有一定依据，但国民收入再分配理论告诉我们，城市经营水平越高，企业税费负担就越重。

（二）城市经营风险防范对策

1. 树立科学的城市经营价值观

城市经营本身只是城市管理的一种手段，其最终目标是要从城市的受众群体的角度出发。城市受众群体主要包括城市居民、企业、外来游客及投资者等，可见，城市受众群体是多元化的。城市绝不仅仅是经济单元的单一内涵，它还是一个社会文化和生态综合系统。所以，城市经营虽以经营手段运作有关资源，但目标是多维度的，这种多维度又全面统辖在"以人为本"的城市经营价值观里，体现出了鲜明的城市顾客服务导向特征。为此，城市经营者应该尊重城市的历史发展规律，对其综合功能价值有一个非常明晰的认知和判断，同时正确处理好经营城市与保护资源环境的关系。

2. 找准定位，切实转变政府职能

城市政府是城市首脑，也是城市经营的主导者，担负着管理与建设城市、推进城市发展的行政职能。因此，只有合理界定和明晰城市政府在城市经营中的地位和职能，才能积极高效地履行职责，有效地引导、规范、推动城市经营战略的实施。城市政府在实质上应该成为服务型政府，使城市真正成为交易成本低、商务机会多、投资环境优、市场秩序好的创业福地。作为服务型政府，必须从根本上转变其职能，这里包含两层含义：一是政府要放弃部分城市资源的经营职能，将其转移给市场或企业；二是强化政府的宏观调控职能、社会保障职能和服务职能。具体来说，需要强化的政府职能主要表现在以下几个方面：建立有效的市场制度、城市规划、城市品牌形象的包装与推广等。

3. 完善城市经营风险预警系统

风险不可避免，但可以有效防范，关键是要有将损失降至最低的正确行动。一个好的风险防范机制，有助于巩固城市形象，提升城市竞争力，成为企业发展的助推器。城市经营的风险预警系统，就是在可能产生风险的警源上设置警情指标，并随时对其状态及发展变化进行监测，以及用风险发生警度来预报风险发生的程度，其目的是对经营主体在城市经营中的重大战略问题，市场环境变化进行事先预告与分析，或通过已发生事件所得到的重要启示，提前或及时地把握风险信息，从而达到防患于未然的目的。

4. 建立基于循环经济模式的城市资源利用体系

循环经济的提出，是人类对难以为继的传统发展模式反思后的创新，是对人与自然界关系在认识上不断演进的结果。城市资源构成了城市发展的载体，也是经营城市的直接对象。政府对城市资源进行有效聚集、重组和市场化运营，可提高资源利用价值，保证城市可持续发展。

城市资源是有限的，城市政府部门应做好城市资源利用的总体规划，制定切实有效的措施，运用经济的、法律的、行政手段建立城市资源可持续利用体系，促使城市资源得到有效的、可持续的循环利用。

二、住房保障制度问题

（一）住房保障体系存在的问题

1. 住房保障制度建设有待完善

目前虽然建立了严格的廉租住房保障制度、经济适用房制度和住房公积金制度，但仍有相应的问题存在：第一，建设遭遇阻力，政府以往的财政收入大部分来自土地，要想保障住房保障体系，必然会使财政收入面临减小的局面，从而致使政府在对保障房的建设中出现问题。第二，政策不到位。这些年，因为商品房的价格上涨直接导致了二手房市场买卖的火热，加之经济适用房的再转让政策的不到位，使经济适用房成为投资性购房、炒房的工具。

2. 保障性住房结构不合理

保障性住房的结构设计不合理且覆盖面较小，经济适用房重购买轻租赁，"经济而不适用"。其主要的问题是存在经济适用房、公共租赁住房、廉租住房、普通商品住房和高档住房的市场供应结构比例失衡，不能满足各个层次消费者的需求，尤其是不能满足低收入家庭的住房需求。

保障性住房供应量严重不足在住房保障政策中，经济适用房是目前主要的形式，但是因为设计得不合理，经济适用房大多数是出现在买卖市场上而不是租赁市场上，这使真正需要的低收入人群得不到实惠。

3. 配套社会机制不够健全

住房保障体系建设作为政府的一项职能，支出的主要来源是公共财政的预算支出。在很长的时间里，廉租住房制度没有建立稳定的资金来源渠道，财政迟迟未给住房保障设立财政政策，只有很小的一部分城市建立了财政资金供应计划，多数城市依靠住房公积金的增值收益和公房售房款的余额部分作为廉租住房资金来源的主要渠道，缺乏稳定的资金来源成为廉租住房的最大的问题。目前在住房保障方面除了经济适用住房、廉租住房和公积金制度外，其他各个方面的政策不能够有效地刺激、帮助到保障性住房的建设。财政、金融、税收等配套政策还处于初级阶段，还不能够有效地带动社会上各种资源参与到保障性住房的建设中。

4. 住房保障体系建设监督力度不够

现在的监督考核还显得有些滞后，管理工作还不是动态管理，对于来申请的对象还不能细致的管理。在保障对象的审核过程中，政府主管部门是根据保障对象自己提交的资料和自己现有掌握的资料来判断的。而一些居民采取隐瞒收入等手段来申请保障性住房，有的证明甚至用假的证明来代替，另外一些中高收入的人采取各种不正当手法申请到保障性住房，使得保障性住房的应有的社会福利没有让应该获得的人群享受到。

（二）住房保障制度相关对策

1. 完善房地产信息披露制度

完善房地产统计和信息披露制度，鼓励有条件的地区推行住房"人头补贴"发放。准确的房地产市场信息是住房保障发展的基础。建议尽快完善房地产统计和信息披露制度，各地方、有关部门要专门监测住房市场租金、价格、空置的变化，并定期向社会发布，为住房保障建设提供参考，进而准确判断房地产市场形势。通过全国或地方进行房屋普查可以加强住房保障的针对性和有效性，准确掌握廉租住房保障对象的总体数量及真实需求，可以建立每户住房保障基础档案，并对其进行实名制动态管理，逐步建立个人收入、住房信用体系，还有利于科学地制订住房保障计划，完善住房保障退出机制。住房普查数据对制定全国和各地方廉租房规划具有重要意义。住房保障从以

"砖头补贴"为主转变到以"人头补贴"为主,各地在执行过程中需要一定的条件。应首先鼓励有条件的地区推行住房"人头补贴"发放,这些地区必须有比较详细的住房档案,可以掌握所有居民的住房状况,并且能够掌握居民的收入状况,从而便于确定住房补对象。

2. 发展二手房市场

发展二手房市场,鼓励住房梯级消费,利用住房过滤可以很好地满足低收入居民的住房需求,还能够刺激住房建设,拉动经济增长,但高额交易税费不利于住房存量的流动。发展二手房市场,必须要降低过高的交易税费,减少交易费用,促进住房资源流转。

3. 完善廉租房优惠政策

各级政府的住房保障实施管理部门应在调查研究的基础上,尽快建立本市、本地区享受廉租房优惠政策待遇的城镇居民收入档案管理制度和收入变化追踪制度,对那些因工作岗位和职位变化、收入水平提高,实际收入水平已经超出享受廉租房优惠政策准入门槛的城镇居民,应尽快取消其居住低租金廉租房的资格或取消其享受廉租房补贴待遇,完善相关退出机制,切实保证那些真正需要住房保障的城镇低收入家庭能够享受到政府提供的廉租房优惠政策待遇,实现廉租房建设和经营的良性循环和健康运作。

4. 鼓励企业提供长期租赁住宅

其可以参考发达国家的做法,为提供租赁住房的开发企业提供长期贷款,增加稳定的租赁住房房源,为支付能力暂时不足的年轻人提供过渡房,也为无购房能力并希望长期租赁住房的人群提供可靠的房源,甚至可以通过给予更多优惠政策鼓励开发企业建设向农民工出租的集体宿舍,这不但可以缓解住房销售市场的供求矛盾,有利于社会稳定,而且也有利于促使我国住房市场的发展逐步完善。

三、城镇住宅用地"自动续期"问题

(一)城镇住宅用地"自动续期"面临的矛盾

1. 住宅用地免费续期与土地有偿、有期限使用之间的矛盾

我国城镇土地属于国家所有,在土地所有权与使用权分离状况下,土地有偿、有条件和有期限使用,既是土地所有权在经济上的实现形式,也是土地使用者补偿政府对土地投资开发的要求。土地有偿使用和转让,既是要素市场化的结果,也是协调土地所有者、开发者和使用者经济关系的必然选择。

人为干预和背离土地市场价格,不仅破坏市场机制对土地资源和资产的优化配置,而且要素价格的扭曲会影响整个市场体系的运行。

住宅用地的"自动续期",若届时实施免费续期,从形式上看是前期70年土地有偿使用的终结,期后该块土地开始免费使用。从土地权属关系角度讲,这种解释和做法会把原定70年的土地使用权,演绎成业主拥有该土地的永久使用权,由此产生续期后土地的免费使用与现行土地有偿使用基本原则之间的矛盾。

2. 住宅用地免费续期与非住宅类经营用地缴费续期之间的矛盾

城市土地包括住宅用地和非住宅用地。《中华人民共和国物权法》明确区分住宅用地和非住宅用地(包括商业、工业与综合用地)期满后不同的续期,这不仅是因为住宅用地出让时间长达70年,更主要是因为这类地块当初是作为房地产开发经营用地出让的,而居民购买商品房后,住房的消费性质使该地块已演变为居住消费用地。从土地分类管理原则出发,住宅用地作为居住消费用地,期满后实行自动免费续期是可以理解的。问题是从全社会看,住宅用地中必然有部分土地是经营用地,即部分人购买住宅并非为自住,而是用于投资经营,其用地性质与普通住房自住消费性质不同。如果这类住宅经营用地期满后也是自动免费续期,必然与其他经营用地的缴费续期要求相矛盾。

经营用地有偿获取后,其费用进入经营成本,之后在销售收入中获得补偿,这是市场运营的基本原则,住宅经营用地也不例外。因此,住宅用地70年使用期满后的"自动续期",如果不区分自住与非自住、经营与非经营性质,统统实施免费续期,即国家放弃对土地经营者收取土地使用费,住宅经营者将获得额外的收入,这实质是国有资产的持续流失,不仅损害国民整体利益,而且对其他非住房经营者也不公平,其根源是住宅用地使用期满无限额免费续期,与其他经营用地使用期满缴费续期之间的矛盾。

3. 存量住宅用地免费续期与增量住宅用地高价出让之间的矛盾

住宅用地期满免费续期造成的这种矛盾和差别,将使地方政府继续热衷于增量房地产开发,热衷于外延扩张型城市建设。存量住宅用地免费续期一方面增大了前期房地产投资的吸引力;另一方面也加大了后期房产库存消化的难度,加大地方政府筹资的压力"堤内损失,堤外补",地方政府将更加青睐于增量住宅用地高价出让,由此不仅持续推高房价,推高城市生活成本,而且使过多资本聚集于房地产业,影响其他产业发展。不断高涨的房地产价格持续逆向调节国民收入分配,助长了房地产投机,扩大了社会贫富差距,即扬虚拟资本，贬实业资本和人力资本，增大区域乃至全社会的系统性风险。

4. 存量住宅用地免费续期与城市改造、土地再开发投融资需求之间的矛盾

房屋一般使用寿命在70年左右，我国城市早期开发建设的住宅小区不仅房屋建筑寿命有限，而且建筑结构、布局及其配套已明显落后时代需求。土地出让70年后，房屋改造和土地再开发是全面提升城镇居民生活质量的必然要求。从整体看，未来城市建设必须由以往的外延扩张为主，转向以存量改造和再开发为主，着力提高城市居住质量和土地整体利用效率，这是充分利用城市现有土地资源，发展循环经济的要求。倘若届时土地普遍免费续期，虽然可以获得存量房业主的普遍认可，但是后续城市建设，特别是老城区改造和土地再开发就会缺乏必要的资金支持。

城市改造、土地再开发与企业技术改造和扩大再生产不同，后者由企业自己筹资运作，但城市改造和土地再开发不可能由住房业主分散自主完成，而必须在政府统一规划和支持下运作。存量住宅用地免费续期将使政府统筹的城市改造和土地再开发缺乏资金支持。因此，土地续期决策必须未雨绸缪，为未来住宅老区改造和土地再开发创造条件，避免上述矛盾对城市未来建设的逆向调节。

5. 土地免费续期有期限与房产权益无期限之间的矛盾

土地续期是使用权的续期，续期使用总有期限，但房屋所有权没有期限，房地合一就会出现矛盾。这一矛盾源于我国房产与地产权属分离，城镇土地所有权属于国家，其使用权出让有期限，由此与房产私有无期限产生矛盾。长达70年的土地使用权掩盖或延缓了这一矛盾，住宅用地续期则凸显了这一矛盾。土地续期无论免费或缴费都有期限，根除这矛盾并不现实。但处理不当，这一矛盾会直接影响居民置业意愿，业主居住的安全感将随之降低，社会不稳定因素将加大，进而助长人们行为短期化。有恒产者有恒心，放眼国外不动产法规，其大陆法系强调"地上权"的相对独立性，缓和了这一矛盾，因此值得我们在完善土地续期制度中借鉴。

(二) 完善城镇住宅用地"自动续期"的建议

综上所述，住宅用地的"自动续期"若界定为无条件、无限额自动免费续期，将面临诸多矛盾，但若仿照其他经营类用地有偿续期要求，等于背离住宅用地既定的"自动续期"的法定承诺，显然也不妥。为此，可行的选择是兼顾法定的"自动续期"和土地有偿使用原则，开创土地续期分类管理新

局面。其总体思路是，抛弃缴费续期或免费续期非此即彼的正反思维定式，实施住宅用地有限免费续期，即对自住的住宅用地实行定额免费续期，超定额面积用地，包括自住享受型和经营型住宅用地使用年租制缴费续期。

随着土地年租制逐渐显示出灵活、均衡、持久的优势，住宅建设用地领域的批租制应逐步退出历史舞台。地产商利用土地批租的巨大博弈空间借助商业信贷、消费信贷和股市直接融资等多重金融杠杆推动地价、房价持续高涨的平台将随之消失。开发商不再以高价竞地，而是以项目规划、进度和住房均价等要素综合竞标，新建住房价格内含70年土地使用费将成为历史。土地使用费由原先一次性缴纳转为按年分散缴纳，房价总体将大幅度下降。届时上述陈述的矛盾也将迎刃而解。

土地年租制化解了土地批租制特定的固定期限，避免了土地使用期限与房产永久权益之间的矛盾，上述中相关矛盾也得以解决。具体操作中，土地使用费扣除地方统一规定的人均免费定额，超额部分按年、按面积和按区域等级缴费（税），并与房产税合并成新的房地产税。这样既可便利用户缴费（税），也可强化土地使用缴费制度的威慑力。这种住宅用地超定额应缴的土地费，实质是一种各国通行的财产（地产）调节税。

总之，面对住宅用地70年期满续期是否需要缴费的决策，不可简单肯定或否定，而应开创土地分类管理新思路。遵循《中华人民共和国物权法》既定的"自动续期"原则，对住宅用地在政府规定面积内通行自动免费续期，这是政府信守法定承诺的体现，也是满足全体居民基本居住需求的要求。超面积的住宅用地则须按年缴费续期，这是政府利用行政手段维护社会公平，同时发挥市场机制作用，优化土地资源配置，实现城市持续发展的科学选择。

第八章　现代房地产业的可持续发展探究

从全球普遍认可的可持续发展概念和基本内容的分析可知，可持续发展的内涵十分丰富。不同的出发点和侧重点，对其内涵有不同的理解，有从发展观、发展目标和环境与发展关系方面分析的，也有从系统论角度阐述的，但无论从哪个视角，都离不开生态、经济、社会这三大系统。这三大系统之间的相互关系便构成可持续概念的基本内涵。与此同时，对现代房地产业而言，促进其可持续发展也是势在必行的。

第一节　可持续发展概述

一、可持续发展的内涵

（一）共同发展

地球是一个复杂的巨系统，每个国家或地区都是这个巨系统不可分割的子系统。系统的最根本特征是其整体性，每个子系统都和其他子系统相互联系并发生作用，只要一个系统发生问题，都会直接或间接影响到其他系统，甚至会诱发系统的整体突变，这在地球生态系统中表现最为突出。因此，可持续发展追求的是整体发展和协调发展，即共同发展。

（二）协调发展

协调发展包括经济、社会、环境三大系统的整体协调，也包括世界、国家和地区三个空间层面的协调，还包括一个国家或地区经济与人口、资源、环境、社会及内部各个阶层的协调，持续发展源于协调发展。

从这三个层面的"协调发展"可以看出，可持续发展的核心是提倡人类与自然的和谐相处、协同演进，把环境视为有价值的资源，强调人类对自然的"索取"应与对自然的"给予"保持动态平衡。这也是可持续发展最基本的道德规范。

（三）公平发展

世界经济的发展因水平差异而呈现出层次性，这是发展过程中始终存在的问题。但是这种发展水平的层次性会因不公平、不平等而引发或加剧，其影响也会由局部上升到整体，并最终影响到整个世界的可持续发展。可持续发展思想的公平发展包含两个维度。

一是时间维度上的公平。当代人的发展不能以损害后代人的发展能力为代价，其要求各代人分别担当起自己的责任，在自己发展的空间内和有限的时间间隔内，最大限度地精心管理和优化配置资源，建立起人口、资源、生态环境与经济发展之间的合理关系，并不把任何潜在的和隐含的灾难留给自己的子孙后代。

二是空间维度上的公平。从全球范围讲，不能因满足某一区域的利益需要而危害和削弱其他区域的利益，一个国家或地区的发展不能以损害其他国家或地区的发展能力为代价。

（四）高效发展

公平和效率是可持续发展的两个轮子，可持续发展的效率不同于经济学的效率，可持续发展的效率既包括经济意义上的效率，也包括自然资源和环境的损益成分。因此，可持续发展思想的高效发展是指经济、社会、资源、环境、人口等协调下的高效率发展。

（五）多维发展

人类社会的发展表现出全球化的趋势，但是不同国家与地区的发展水平是不同的，而且不同国家与地区又有着异质性的文化、体制、地理环境、国际环境等发展背景。此外，因为可持续发展又是一个综合性、全球性的概念，要考虑到不同地域实体的可接受性，因此，可持续发展本身包含了多样性、多模式和多维度选择的内涵。因此，在可持续发展这个全球性目标的约束和指导下，各国与各地区在实施可持续发展战略时，应该从国情或区情出发，走符合本国或本区实际的、多样性、多模式的可持续发展道路。

二、可持续发展的原则

可持续发展的概念与内涵不断拓展和延伸，从持续性原则（sustainability）到公平性原则与公共性原则（fairness）再到共同性原则（common），逐步形成了可持续发展的原则框架。从社会发展角度看，可持续发展是一种新的人类生存方式。这种生存方式不但体现在以资源利用和环境保护为主的环境生活领域，更体现在作为发展源头的经济生活和社会生活中了，因此，无论从世界层面、国家层面，还是区域层面，贯彻可持续发展战略都必须遵从一些基本原则。

（一）持续性原则

持续性原则最初属生态学范畴，但随着可持续发展概念的扩充，这个原则外延到经济与社会层面，具有三方面的含义。

1. 生态持续性

生态持续性是指生态系统受到某种干扰时能保持其生产率的能力，这是人类持续发展的首要条件。其核心思想是保护人类赖以生存的物质基础、自然资源和自然环境，人类的经济建设和社会发展不能超越自然资源与生态环境的承载能力。这意味着，可持续发展不仅要求人与人之间的公平，还要顾及人与自然之间的公平。资源和环境是人类生存与发展的基础，离开了资源和环境，就无从谈及人类的生存与发展。可持续发展是主张建立在保护地球自然系统基础上的发展，其要求我们保护整个生命支撑系统和生态系统的完整性，保护生物多样性，保护自然资源。

因此，发展既有"需求"的内涵，同时也必须有一定的"限制"因素，即人类发展对自然资源的耗竭速率应充分顾及资源的临界性，应以不损害支持地球生命的大气、水、土壤、生物等自然系统为前提。换句话说，人类需要根据持续性原则调整自己的生活方式、确定自己的消耗标准，而不是过度生产和过度消费。发展一旦破坏了人类生存的物质基础，发展本身也就衰退了。

2. 经济持续性

经济持续性体现在两个方面：一是必须有经济上的增长，不仅重视数量增长，而且要求不断改善质量，即经济增长给社会带来物质和精神方面的进步，促进社会物质文明和精神文明的发展；二是必须优化资源配置，节约能源，降低消耗，提高效率，改变传统的生产消费模式，建立经济与资源、环境、人口、社会相协调的可持续的模式。

3. 社会持续性

社会持续性的主要含义是，在不威胁后代生存基础和发展能力的前提下，为提高全民的生活水准，使人口、文化、教育、卫生等社会事业得到全面发展。社会持续性的一个重要特点是全面性，即社会发展是社会一切领域、一切方面的共同发展。

（二）公平性原则

公平性原则是指社会全体成员在利用有限资源和享受物质消费品方面，应当享有（平等的选择机会）公平性，强调本代人的公平、人的代际公平，以及消除贫困现象。因而，可持续发展应该追求三方面的公平。

1. 代内平等

可持续发展要满足所有人的基本需求，给所有人机会以满足他们要求较高的生活愿望。它强调任何国家或地区的发展不能以损害其他国家或地区的发展为代价，特别要注意维护发展中国家和地区的需要。在"只有一个"的地球上，在环境和资源都有限的条件下，任何国家或地区都没有无限制的发展自由，都必须以不给其他国家和地区带来危害作保证。

但当今世界的现实是贫富不均，一部分人富足，而另一部分占世界1/5的人口处于贫困状态。这种贫富悬殊、两极分化的世界不可能实现可持续发展，因此，要给世界以公平的分配和公平的发展权，特别是要把消除贫困作为可持续发展进程中优先的问题来考虑。

2. 世代平等

可持续发展要求当代人的发展不应以损害后代人的发展而发展。人类赖以生存的自然资源是有限的，本代人不能因为自己的发展与需求而损害人类世世代代满足需求的条件——自然资源与环境，要给世世代代以公平利用自然资源的权利。

3. 公平分配有限资源

目前的现实是，占全球人口26%的发达国家耗用了占全球80%的能源、钢铁和木材。全球最富裕的20%的人口则拥有全球财富的82.7%，而全球最贫穷的20%的人口仅拥有全球财富的1.4%。很显然，有限的资源不能得到公平分配。

就连美国总统可持续发展理事会（PCSD）在《美国可持续发展战略》报告中也承认："富国在利用地球资源上有优势，这一由来已久的优势取代了发展中国家利用地球资源合理的一部分来达到他们自己经济增长的机会。"

联合国环境与发展大会通过的《里约宣言》，已把这一公平原则上升为国家间的主权原则。

（三）公共性原则

地球资源具有公共物品属性。公共性原则就是要求人类的生产和生活方式与地球的承载力保持平衡，保持地球的生命力和生物多样性，创造一个平等、自由和享有人权的环境,提高人们的健康水平和生活质量。

(四)共同性原则

这个原则属于政治学范畴。鉴于世界各国历史、文化和发展水平的差异,可持续发展的具体模式、目标、政策和实施步骤不可能是唯一的。但是,地球作为一个巨系统,具有整体性和相互相关性,可持续发展作为全球发展的总目标,所体现的公平性原则和持续性原则,是应该共同遵从的,为了全球公平,实现可持续发展的总目标,我们就必须采取全球共同的联合行动。它要求开展全球、全国范围内的深度合作,要求发达国家按发展中国家发展计划的轻重缓急,向发展中国家提供援助。

从根本上说,贯彻可持续发展就是要促进人类之间及人类与自然之间的和谐。如果每个人都能真诚地按"共同性原则"办事,那么人类内部及人类与自然之间就能保持互惠共生的关系,从而实现可持续发展。

三、可持续发展的主要内容

可持续发展是涉及自然环境、经济、社会、文化和技术的综合概念,所包含的内容很多。从宏观层面看,主要包括生态、经济和社会这三方面的可持续发展及其协调统一。

(一)生态可持续发展

生态可持续发展是发展的物质前提和空间基础,是可持续发展的必要条件。生态系统是人类生存和发展的唯一的物质支撑体系,如果人类活动方式不当,就会导致生态系统失衡、倒退甚至崩溃,一旦这个体系遭到破坏,摧毁了它自身的恢复能力,将是不可逆转的,且危及人类,因此,改善生态系统使之良性循环,是可持续发展的内在要求。它要求经济建设和社会发展要与自然承载能力相协调;发展的同时必须保护和改善地球生态环境,保证以可持续的方式使用自然资源和环境成本,使人类的发展控制在地球承载能力之内;强调发展是有限制的,没有限制就没有发展的持续;强调环境保护,但不同于以往将环境保护与社会发展对立的做法,要求通过转变发展模式,从人类发展的源头解决环境问题。

(二)经济可持续发展

经济可持续发展是发展的最基本任务和条件,是可持续发展的核心。在传统经济模式中,由于传统发展思想和理论指导,受人与自然对抗认识的支配,以不断增长的经济财富作为经济学追求的目标。于是,那些非市场化的自然资源和生态环境不被作为经济资源和财富看待，并且认为它们的供给是无限的，也不考虑经济活动与它们之间的相互关系。其结果是，产生了严重的环境问题、经济与社会的不良后果，造成了资源的浪费和短缺、生态环境的严重恶化及产品分配中严重的两极分化，并由此引起了国际和国内各种政治关系紧张等一系列问题，这不但使传统经济发展方式难以持续，而且使人类的生存面临着严峻考验。为了解决这些问题，人类必然要对传统的发展思想和发展方式进行反思，以寻求能满足人类作为一个物种持续生存（这是人类社会的最大福利目标）和发展的道路。因此，经济可持续发展就应包括如下含义。

①可持续发展鼓励经济增长，而不是以环境保护为名取消经济增长，原因是经济发展是国家综合实力和社会财富的基础。

②可持续发展不仅重视经济增长的数量，还追求经济发展的质量。只有经济持续增长（包括增长数量和改善质量），才能满足全体人民的基本需要，从而减少并消除贫困，提高人们的生活质量。

③可持续发展要求改变传统的以"高投入、高消耗、高污染"为特征的生产模式和消费模式，实施清洁生产和文明消费，以提高经济活动中的效益、节约资源、减少废物。从某种角度上，可以说集约型的经济增长方式就是可持续发展在经济方面的体现。

（三）社会可持续发展

社会可持续发展是可持续发展的最终目的。它强调社会公平是环境保护得以实现的机制和目标。可持续发展指出世界各国的发展阶段可以不同，发展的具体目标也可以不相同，但发展的本质应包括改善人类生活质量，提高人类健康水平，创造一个保障人们平等、自由、教育、人权和免受暴力的社会环境。从狭义的社会层面来理解，可持续发展主要是指人口趋于稳定、经济稳定、政治安定、社会秩序井然的一种社会发展。这充分体现了"以人为本"的基本内涵。

①社会可持续发展的核心是人的全面发展，强调满足人类的基本需要。这既包括满足人们对各种物质生活和精神生活享受的需要，又包括满足人们对劳动环境、生活环境质量和生态环境质量等的生态需求；既包括不断提高全体人民的物质生活水平，又包括逐步提高生存与生活质量，并做到适度消费和生活方式文明，使人、社会与自然保持协调关系和良性循环，从而使社会发展达到人与自然和谐统一，生态与经济共同繁荣。

②社会可持续发展是"以人为本"的发展。它强调严格控制人口数量，

不断提高人口质量，合理调整人口结构，实现人口与社会其他因素之间的相互适应与协调发展。只有国民素质提高了，许多社会问题才能有效地解决，经济才能获得更大的发展。因此，社会可持续发展必须以人的全面发展为宗旨，进而提高劳动者的科学技术水平和文化水平，增加人力资本存量，从而形成社会系统全面进步和不断更新的持续发展能力。

③社会可持续发展强调消除贫困与公平分配财富，一个可持续的社会不会把现存的不公平的分配方式永远继续下去，当然也不会允许贫穷永远存在。不公平性会助长社会发展的非持续性，只有公平性才能保证社会发展的稳定性和持续性。可持续社会发展应是公平性和可持续性的有机统一，以公平分配、消除贫困、共同富裕为宗旨的社会进步过程。可见，社会可持续发展的目标是推动社会整体全面进步，其终极目的是使人得到全面发展。

因此，在人类可持续发展系统中，经济可持续是基础，生态可持续是条件，社会可持续才是目的。这三个方面相互依赖，不可分割，其还要求人类在发展中关注生态和谐讲究经济效率和追求社会公平，最终达到人的全面发展。

综上所述，可持续发展虽然缘起环境保护问题，但作为一个指导人类走向21世纪的发展理论，它已经超越了单纯的环境保护。它将环境问题与发展问题有机地结合起来，已经成为一个有关社会经济发展的全面性战略问题。人类应该追求的是"以人为本"的自然-经济-社会复合系统的持续、稳定、健康发展。

第二节　房地产业与可持续发展

一、房地产经济可持续发展的内涵

根据可持续发展的基本思想，房地产经济可持续发展的基本含义是，房地产经济发展既要满足当代人对住房的需要，以及从事其他社会经济活动所需房地产的需要，又要满足子孙后代未来的需要，既符合局部人口的利益又不对其他人的需求利益造成损害和威胁。具体地说，房地产经济可持续发展的根本要求，就是在进行住宅与房地产开发建设时，主要做到以下几点。

①充分考虑人口的因素，树立"以人为本"的思想。

②合理利用各种资源，对土地资源、空间资源、建材资源等自然资源进行可持续性开发利用，不能进行掠夺性开发。

③注意环境保护，房地产经济发展和生态环境之间必须保持平衡。

④房地产经济和国民经济其他产业之间、房地产业各类物业之间协调

发展。

⑤建立健全房地产市场体系，保证资源的有效配置和高效使用。

⑥建立具有科学性、系统性和可持续性的房地产经济宏观调控体系，实现整个房地产业自身经济的良性循环。

房地产经济可持续发展的主要任务就是最终建立适合现代化城市协调发展的开发模式，实现房地产经济和人口、资源、环境协调发展，力求取得生态效益、经济效益和社会效益的有机统一。在房地产业实现生态可持续、经济可持续和社会可持续。

二、房地产经济可持续发展的原则

（一）发展性原则

事物总是处于发展过程中，发展是硬道理，房地产经济只有不断发展，才能满足社会经济的需求。

（二）持续性原则

持续性原则要求房地产经济发展的规模、速度与自然资源及生态环境的承载力相适应，以减少房地产经济发展对自然环境和人为环境的影响，实现房地产经济长期、稳定和健康发展。

（三）生态性原则

房地产经济发展是以各种资源和环境为条件与前提的，特别是土地资源、水资源、空间资源和环境资源。所以，房地产经济在创造人为环境时，必须与自然环境形成一种均衡稳定的关系，以维持生态平衡。同时生态资源、环境也有其特有的价值，良好的生态环境不仅有利于房地产的可持续发展，也有利于提高房地产本身的价值。

（四）协调性原则

房地产业是具有高度关联的行业，这就要求必须保持环境保护、经济发展、社会进步与生态优化之间的协调发展，而不能以牺牲生态平衡为代价，片面追求经济利益的最大化。

三、房地产经济可持续发展的内容

（一）保持城市生态环境的动态平衡

现代化城市是一个以人为主体、以空间环境利用为特点、以聚集经济效益为目的，集人口、社会、经济、科学、文化的空间地域大系统。城市生态经济系统是一个自然、经济和社会的复合人工生态系统。这个系统具有以下一些特征。

1. 城市是一个开放式的系统

城市为了保证人的基本生存和生产发展的需要，必须从城市生态经济系统以外输入大量的生产资料和生活资料；从城市生态系统以内输出废弃物，必须采取各种环保措施对其中的有机体加以分解，不能分解的排放到城市生态经济系统之外。

2. 城市是一个不完全的系统

城市缺乏第一生产者，即绿色植物，所以是一个不完全的生态系统，由此决定了城市对周围其他生态系统具有很大的依赖性。

3. 城市是一个以人为主体的生态系统

人们通过自己的经济活动，创造出适合于自身需要的特殊的经济、社会和人工生态环境，并且根据自己的意图不断地改变城市的面貌，这样既可以使城市系统维持动态平衡，也可以破坏城市系统的动态平衡。

4. 城市是一个具有人工环境的生态系统

随着城市经济的不断发展，城市规模的日益扩大，越来越多的水泥建筑物代替了农作物、青草、树木及其他绿色植物，工厂烟尘和汽车废气代替了新鲜空气，工业废水使洁净的水体受到了污染，自然生态系统逐渐被人工环境所替代。其中，经济系统具有巨大的能动性，既可以从正面保护城市生态，提高环境质量，增强城市生态系统自然再生能力和保持生态经济平衡，也可以从负面破坏城市生态平衡，干扰城市生态系统的正常运行，最终制约城市经济的可持续发展。为了保护和维持城市自然生态系统，必须搞好园林绿化，增强城市的自净能力。

因为，绿化具有净化空气、水体和土壤，降低噪声，改善城市小气候及安全防护、美化城市等功能。阔叶林、绿地能吸收二氧化碳，放出清新氧气；树木可以减低风速，收集灰尘，涵养水分，调节气候，起到抗风防灾作用。

所以，在房地产开发中，要十分重视发展城市的绿化，积极营造环城林带，以及在城市周围营造大片森林，积极发展具有一定高度林树覆盖的绿化地带，科学地选择各种树种，建立森林公园，自然保护区等城市公共绿地，努力扩大城市绿化覆盖率。只有在房地产开发建设中做到环境效益、经济效益和社会效益的有机统一，才能促进房地产业的可持续发展。

（二）正确处理城市化中人与地的关系

房地产经济可持续发展首先涉及的就是城市化过程中人口与土地变动的关系。工业化发展必然引起城市化。城市化就是变农村人口为城市人口的过程。为了满足农村人口进入城市，以及城市发展的要求，必然也有一个农业用地变为城市用地的过程。为了正确处理城市化过程中人口与土地资源的关系，必须坚决执行保护耕地，实现耕地总量动态平衡的政策；同时要严格控制城市用地规模，集约利用土地，提高土地利用效率，优化土地利用结构，力争实现城市化过程中人口与土地资源的协调发展。

（三）坚持房地产开发建设的生态规划

房地产开发建设必须遵循生态经济发展规律，制定好土地开发利用总体规划。要根据人口密度、资源潜力、环境容量和生态承受能力的限度，确定合理的建筑密度及建筑物的高度。要实行合理的功能分区，使整个城市空间布局，体现城市生态经济系统的合理性。坚持绿地立体化原则，积极培育人工植物群落，大面积地进行立体绿化，力求实现生态保护和经济发展的圆满结合。坚持综合利用原则，力争实现土地等自然资源利用、再生与保持相结合；生态供需与经济供需相统一。要根据各地的特点，尽量建造人口高密度和建筑密度低的现代住宅群，将住宅在水平和垂直、局部和整体，有机结合起来，形成复合式居住小区；提高配套设施的利用效率。同时提倡科学消费，杜绝不合理和浪费性消费，努力节约消费资料、生产资料消耗，大力减少环境保护资源的耗损，力求城市自然资源永续利用。

（四）加强资源与环境保护、利用和建设

可持续发展是关系中华民族生存和发展的长远大计；合理使用、节约和保护资源，提高资源利用率；依法保护和开发水、土地、矿产、森林、草原、海洋等国土资源；加强资源勘察，建立健全资源有偿使用制度；完善国家战略资源储备制度；严格执行基本农田保护制度，切实保护耕地；推进资源的深加工和综合利用；建设资源节约型、环境友好型的社会，是房地产经济可持续发展的主要内容。

四、房地产市场与可持续发展

（一）房地产市场的可持续发展观

经济人假定是现代经济学最重要的理论假设之一，是构建经济学大厦的

理论基石。"经济人范式"是现代经济分析框架的重要内容，可持续发展观也正在融入经济分析的主流，但可持续发展的进入却对"经济人范式"提出了严峻的挑战。在"经济人范式"中，所谓经济人是自利的，也是理性的。经济人在良好的法律制度中，可以增进社会公益。总之，经济人是会计算、有创造性、能寻求自身利益最大化的人。在经济活动中，个人所追求的唯一目标是其自身经济利益的最大化，即经济人主观上既不考虑社会利益，也不考虑自身的非经济利益。

然而，可持续性概念从规范经济学和伦理学的角度对经济人假定进行了否定。从可持续发展观来看，经济人充其量只具有经济理性，而不关心政治问题与道德问题，不具有社会理性。经济人也不关心环境问题，也不具备生态理性。总体而言，与可持续发展观相适应的"新经济人"必须具有与可持续发展观相适应的行为规范，必须遵循生态安全原则和综合效益原则，也强调公平与正义原则，还要求采用共赢竞争方式。

从可持续发展观来看，市场经济伦理对经济运行中的问题所采取的这种"等着瞧"的态度是十分危险的。因为环境污染和自然资源的耗竭性往往具有不可逆转性，或者需要很长的时间才可以逆转。而且当代人有可能从自身的利益出发进行决策，而将由决策的不可逆转性造成的无法挽回的损失推给子孙后代。可以说，在不可逆转性问题上暴露出了市场经济伦理的真正缺陷。从可持续发展的角度来审视，树立资源利用的最低安全标准是解决不可逆转性问题的基本途径，而所谓最低安全标准，就是为了保证子孙后代的生存和发展，必须给他们留下最低限度质量的环境与最低限度数量的自然资源。

（二）房地产市场的可持续市场模式

1. 发展目标

要实现房地产市场发展与社会进步、经济发展与生态优化的协调和均衡，必须坚持房地产市场的可持续发展观，修正市场经济下的价格机制对资源配置的偏差。

2. 发展途径

总体而言，房地产市场的可持续发展要求把传统市场模式改造为可持续市场模式，要求把传统市场机制改造为可持续市场机制，要求把传统市场经济观改造为可持续发展观。具体而言，发展途径包括培育多元化的市场主体，期望确立代表房地产资源生态与社会价值的独立的人格化主体；扩展市场客体的范围，使房地产资源价值、经济价值、社会价值都有其实现的途径和方式；

实现市场规则制定主体的多元化,确立有利于社会稳定与经济发展的房地产制度体系,弥补价格机制的缺陷,通过技术创新与制度创新来减少价值机制的资源浪费与不可逆转性问题。

3. 发展动力

动力问题主要在于以下四个方面。

(1) 经济发展

不断增长的经济潜力为改造传统产业提供了充足的资金支持,也将促进包括房地产业在内的产业体系的生态化。

(2) 观念转变

其来源于可持续发展观的逐步形成,来源于全社会环境保护与生态优化意识的不断增强。

(3) 制度建设

规范房地产市场主体行为的法规得以完善,房地产价值充分实现的制度环境得以形成。

(4) 社会转型

具有独立主体意识的多元化社会主体成为制衡政府行政权力与企业经济权力的有效社会力量,并保证可持续发展观成为社会意识形态的基本成分。

4. 发展原则

(1) 节制需求原则

即应从满足人们的充分需求转换为满足人们的适当需求,需求应受限于自然环境的承载力及社会稳定与经济发展能力。

(2) 有序供给原则

即供给的效率原则应从单纯的经济效率原则转变为考虑经济、社会与生态复合价值的复合效率原则。供给应保证最合理利用现有资源及维持企业目标与社会经济整体目标的协调。

(3) 生态优化原则

即房地产市场发展应保证生态资本积累成长的过程不断延续。房地产市场发展建立在房地产业发展的自然环境稳定改善的基础之上。

(4) 使社会进步原则

即房地产市场发展应保证社会资本积累成长的过程不断延续。房地产市场发展应有利于社会意识形态的更新与社会文明水平的提高。

第三节 房地产业可持续发展的必要性

一、中国国情的特殊性

作为第一个将可持续发展战略作为国家发展战略的国家，中国历届政府都十分重视这一问题，也做出了不懈的努力来推动可持续发展战略的执行。在这种背景下，作为中国经济重要组成部分的房地产业，走可持续发展道路就成了一个必然选择。不仅如此，中国人多地少、能源稀缺的特殊国情，决定了在中国走可持续发展道路不仅仅是发展必然趋势，更是发展过程中的一个紧迫且唯一的选择。而房地产业高资源消耗性和短期内的不可逆转性又决定了加快推动房地产业走可持续发展道路应该成为可持续发展战略中的首要任务之一。现阶段收入不均等社会公平问题是中国社会面临的主要问题，房地产业的发展同样面临着这一问题。而可持续发展作为一种新的发展模式，最大的特点就是在注重效率的同时，也关注着发展公平，因此，可持续发展道路是房地产业解决发展中所面临的公平问题的正确选择。

人均土地资源稀缺、房地产需求巨大、相关资源供需矛盾突出是中国房地产业发展长期面临的三大国情背景。人均土地资源的稀缺决定了必须坚持对土地的集约利用；高房地产需求与低土地利用效率矛盾突出，决定了提高房地产建筑的容积率势在必行。相关资源供需矛盾突出决定了必须走低资源消耗的绿色房地产发展道路。简而言之，在推动房地产业发展的过程中，必须告别传统的发展模式，走可持续发展的道路。在中国，推动房地产业的可持续发展不仅仅是长期发展的必然趋势，更是短期内实现有效增长的现实需要。

二、房地产业的特殊性

房地产业发展要走可持续发展的道路，不仅是由中国特殊国情决定的，还与房地产业自身的发展特点密切相关，高资源消耗性和短期内的不可逆转性是房地产业区别于其他行业的两个显著特点。高资源消耗性的特征就决定了房地产业的发展往往是以资源的极大消耗为代价，在资源日益紧张的今天，为了房地产业的长远发展，这种对资源的利用就不能是竭泽而渔式的消耗，而必须是以提高资源的利用效率为基本特征的可持续发展的利用模式。由于房地产业短期内的不可逆转性，房地产业在发展过程中的偏差所带来的负面影响是长期的，其对环境、资源所产生的破坏是很难逆转的，因而，减少发展过程的"试错"尽快走可持续的发展模式是十分必要的。

（一）房地产业的高资源消耗性

房地产业的生产模式决定其发展必须以对资源的大量消耗和占用为前提。它的这一特性主要体现在对土地资源、建筑材料和生活能源的消耗上。在建筑容积率和建设科技水平特定的情况下，房屋建设规模实际上就直接表现为对土地资源的大量占用、对建设材料的大量使用。

（二）房地产业短期内的不可逆转性

与其他行业相比，房地产业最为显著的特点之一，就是其短期内的不可逆转性，这种特性是由其发展周期的长期性和发展空间的不可重复性决定的。

1. 房地产业发展的长周期性

房地产业发展的长周期性主要表现在其建设周期和使用周期较长上。一般房屋的设计使用寿命都在70年以上。这种长周期性使得房地产业在发展过程中，从投入到产出需要经历相当长的时期，初始投入所带来的影响要经过相当长一段时间才能显现出来。同时这种影响一旦产生就会在相当长的时间内发挥作用，而且短期内无法通过恰当的手段加以改变，或者改变要付出巨大的成本和代价。

2. 房地产业发展空间的不可重复性

房地产业发展空间的不可重复性有两层含义：一是发展空间在纵向上是不可重复的。虽然相对于人们的需求，地球的空间资源是取之不尽、用之不竭的，从理论上说，房屋建筑高度可以不断地提高，但是从现实来看，科技水平对房屋建设的高度有着硬性约束。而对于特定的建筑，它的设计高度也是相对确定的。因而，在某一特定时期内，房屋的纵向上的发展规模是确定的。二是发展空间在横向上是不可重复的。土地的总量是固定的，在某一个特定时期内，建设用地的总量及可转化为建设用地的土地资源也是相对固定的，房地产业不能突破确定的空间规模进行发展；又由于土地资源的使用在某一特定时期内呈现出典型的耗竭性特征，建设用地是用一块少一块的，在某一个特定土地上进行了建设，就没有办法同时将这块土地用作其他用途。

三、对社会公平的回应

社会公平问题是当今世界各国都在着力解决的问题之一，对于处于高速发展期的中国也不例外，中国房地产业在经历了一个高速发展时期之后，因为传统发展模式的弊端，导致发展不均衡所带来的社会公平问题也日益凸显，有的甚至演化为严重的社会问题。在我国房地产继续保持高速发展的同时，关注社会公平问题是当前房地产业发展的必然要求。而代际公平、代内公平、可持续发展、环境和发展一体化是可持续发展的四项基本原则。关注社会公平问题是可持续发展观的重要内容，走可持续发展道路是房地产业从长远上解决社会公平问题的必由之路。

（一）与代内公平的要求相符合

如前所述，所谓代内公平原则就是指当代所有人，不论其国籍、种族、性别、经济水平和文化等方面的差异，对于自然资源和良好的环境均享有平等的权利，结合中国房地产业的具体情况，就是要让所有的中国公民，不论其民族、性别、地区经济水平和文化等方面的差异，对于居住权和居住环境均享有平等的权利。房地产及其相关资源的稀缺是造成现有社会对房地产分配不均的根源。但是房地产业发展过程中对于利润的盲目追求，使人们大量投资高档住宅和别墅，对普通住宅供给不足是社会贫富阶层之间房地产产品分配不均的主要原因。可持续发展思想指导下的中国房地产业，首先就是要合理地配置房地产产品结构，保证社会各阶层基本的居住权，达到房地产业发展代内公平的基本要求。

（二）与代际公平的要求相符合

如前所述，所谓代际公平原则就是指既满足当代人的需要，又不对后代人满足其需要的能力构成危害的发展，房地产业要符合代际公平的要求，就必须做到既满足当前居民的居住需要，又不能对后代人的居住需要造成危害。当前中国房地产业只有走可持续发展的道路，才能保证土地资源能够合理地在代际分配，才能保证其他资源代际的合理分配，才能从根本上解决业已存在的掠夺性开发的问题。

第四节 影响房地产业可持续发展的因素

一、市场因素

虽然可持续发展已经确定为中国基本的国家发展战略，房地产业走可持续发展的道路也是一个必然趋势，但是这十多年的客观状况证明，很多因素影响到房地产业的可持续发展，房地产业的发展主要还是依靠对资源和环境的掠夺式开发来实现的。在实践中，房地产业目前仍然采取对土地资源扩张式开发、对能源等工业资源消耗式使用等方式来满足巨大的需求。市场发展不成熟，制度安排不合理，现阶段宏观调控政策存在偏差成为目前影响中国房地产业可持续发展的主要因素。

伴随着住房制度改革的深化，市场化已经成为中国房地产业发展的主要方向。通过市场来推动房地产业的深入发展似乎已经成为人们的共识。但是多年的房地产市场发展实践证明，市场在通过其自发调节机制解决自身问题的同时，也产生了自身难以调和的矛盾，正是这些矛盾成为影响房地产业可持续发展的主要原因。

（一）消费者需求的过度透支

影响房地产业可持续发展的第三个重要原因在于当前部分地区过度的房地产需求，这导致房地产业透支了发展潜力。虽然总体上来说，当前房地产的需求基本上是经济水平不断提高和城市化进程不断推进的客观反映，但是在局部地区和某些时期还是存在着过度需求问题的，这种过度需求具体表现在两个方面：一是当前的需求超出实际需要，如市场对超大住宅、超豪华商务楼的盲目追求。二是未来的需求被提前实现，如对负债购房的过度追求导致购买行为被人为地提前了几年甚至是十几年，过度需求的最直接结果就是使得供不应求的状况恶化，进而促使房地产投资规模不断扩大，结果超出了社会、经济、生态所能承受的范围。过度需求对房地产业可持续发展的负面影响主要体现在两个方面：一方面，过度需求的投资规模的扩张加剧了房地产业对土地、能源、建材等资源的耗用，激励了短期投资行为，这不利于房地产业的可持续发展；另一方面，为了满足不断增长的市场需求，政府和开发商往往都会忽视建筑工艺等科技水平对房地产业能耗的影响。

（二）规范市场尚未建立前的短视经济

当前规范的房地产市场尚未建立，决策过于短视是影响房地产业可持续发展的又一原因。在中国，虽然经过了20多年的发展，房地产市场已经初步建立并且迅速发展，但是由于不完善的外在制度和不成熟的内在治理结构的共同作用，房地产市场还未规范，以追逐短期利益为目的的行为在房地产市场上十分普遍，这些短视行为影响了房地产业的可持续发展。

在二级市场上，不合理的土地增值收入分配方式是影响房地产业对土地资源可持续利用的直接原因。区位的变化是影响土地价格变动的根本因素，城市土地价格的增长主要是来源于包括交通在内的周边基础设施的改善，因而土地增值收入应当按照投入比例合理地在国家、企业和个人之间分配，然而，现今这部分收入却主要由土地使用者获得，国家仅分享少部分的税收收益。这样土地使用者可以以相对较少的投入，通过土地投机获取高额利润这就是为什么一些企业喜欢囤地的原因。土地投机的直接后果就是使人们忽视对土地的长期投入,这不利于土地资源的可持续利用。

在房产市场上,房屋增值的主要原因仍然在于房屋所在区位地段的增值,依靠土地增值而不是建筑技术更新所带来的回报成为当前的主要利润增长模式。在这种模式下,开发者关注的主要不是建筑耗材的多少、建筑科技和建筑容积率的高低,而是土地区位的优劣,对优势土地的争夺成为开发商的主要目标。其直接结果就是建筑手段落后、建筑工艺科技含量较低、建筑耗材量巨大,既不利于建设过程中资源的节省,又不利于使用过程中能源的节约,可持续发展更无从谈起。

(三)单一市场机制调节下的"市场失灵"

过于依赖单一的市场调节手段是影响房地产业可持续发展的重要原因。市场化的支持者认为,有效的市场调节不仅能够实现经济价值最大化,还能够实现生态价值的最大化,市场调节手段能够促进可持续发展。这是因为他们相信,当包括土地在内的自然资源足够稀缺时,市场就会自发地通过价格进行调节,从而达到保护并合理利用资源的目的。然而事实并非如此,单一市场调节的结果是房地产业对资源的掠夺式开发。

例如,在土地开发过程中,虽然适宜性是土地资源使用的首要前提,但是由于适宜性与市场价值存在差异,人们往往会为了追求市场价值而忽略了适宜性。这样就出现了以生态价值换取经济价值,而不顾生态效应的破坏式开发现象。

造成这一现象的原因有两点:一方面,单一的市场调节手段无法解决"外部性"的问题。无论是土地资源的保护,还是对能源的节约利用,可持续的房地产开发都会对整个社会发展具有正的外部效应。但是对于房地产开发主体而言,这种外部效应没有办法单纯通过市场调节内化为自身的经济利益,开发主体既不用为自己造成的负外部性付费,又不能从自己可持续开发的行为中获利。在这种情况下,选择不当手段获取短期、高额利润就成了他们最优的选择。另一方面,单一的市场调节手段具有较强的滞后性。虽然市场能够通过价格杠杆对稀缺资源进行保护和有效利用,但是这种调节并不像经济模型中描述的那样能够在瞬间实现,它需要经历一个较长的时间,对于土地资源这种较为特殊的资源尤其如此。

二、制度因素

可持续发展强调遵循代际和代内公平、可持续、环境与发展一体化等原则。而市场在解决公平问题方面具有天然的缺陷,在涉及代际公平问题时尤其如此。环境与发展一体化则更不是市场主体所追求的主要目标。因此，仅依靠市场无法有效体现可持续发展的基本原则，良好的制度设计才是实现可持续发展的基本前提。而这个基本前提的缺失也深刻影响到当前房地产业的可持续发展。

（一）欠缺节能环保的激励政策

可持续发展的房地产业往往是以高效的能源利用为特征。为了提高房地产业的现代化水平和建筑的科技含量，国家大力提倡节能环保建筑方式，并出台了《中华人民共和国节约能源法》和《民用建筑节能管理规定》等法律法规来鼓励建筑节能，也投入了一定的经费支持相关的科学研究。但是这些政策和投入并没有从根本上改变房地产业高能耗的现状。

当前，建筑能耗过高成为影响房地产业可持续发展的重要问题。这一现象的出现，固然有现阶段房地产市场供不应求，高耗能的建筑和使用方式仍然存在于市场的原因，但是国家对节能、环保仅限于宣传，而鲜有激励制度安排才是主要原因。无论是《中华人民共和国节约能源法》，还是《民用建筑节能管理规定》，强调的都是社会主体对能源节约和保护的义务，而对节约能源行为的激励、对浪费能源行为的惩治却没有具体法律规定。在这种背景下，面对着供不应求的市场环境，开发企业很难有牺牲自身利益去节约和保护能源的行为。

（二）没有妥善制定土地市场的制度

制度安排缺陷是造成房地产开发过程中，无法有效利用和保护土地资源的根本原因，也对房地产业的可持续发展产生了不良影响。土地市场的制度安排缺陷主要体现在土地一级市场供给由政府垄断和土地保护"收益－成本"分担不对等两个方面。这两个制度缺陷使得政府，尤其是地方政府在房地产开发及土地利用过程中常常忽视对土地资源的保护。

一方面，土地一级市场由国家高度垄断供给，各级政府对本行政区域内的土地实行统一规划、统一征用、统一储备、统一开发整理、统一供应、统一监督管理。在土地一级市场上，政府既是土地政策和土地规划的出台者，是土地资源合理利用和保护的守护者，扮演着"裁判员"的角色，又是土地使用权的唯一出让方，是土地出让市场最大的获利者。这样，在利益驱动下，政府往往存在着出让土地的冲动，从而忽视了自身保护土地资源的职责。

另一方面，在土地保护上存在着收益和成本的不对等，这成为政府忽略土地保护的另一重要原因。因土地保护而获取的收益较为长远，需要较长时期才能显现出来，而土地保护所付出的成本则是现实的、立即发生的。这是因为土地保护本身是一个长期工程，其收益也具有极大的滞后性，而为了保护土地，当届政府则可能会损失很大一部分的土地使用权出让收益。另外，从地域上看，土地保护，尤其是农用地的保护，其最大的受益者是整个国家，而付出成本的往往是地方政府。因此权衡利弊之后，某些地方政府很难有土地保护的主动性。

（三）没有刚性约束城市的总体规划

城市规划对于控制城市规模、调节土地用途、均衡城市发展都具有十分重要的作用。在房地产业发展过程中，城市规划发挥着不可替代的作用。通过控制城市规模可以有效地控制城市总体人口规模和密度，防止城市恶性膨胀；通过调节土地用途可以按照土地的适宜性来开发和使用城市土地，进而规划城市和房地产业的发展格局；通过均衡城市发展可以对土地使用次序、公共设施配套进行有效调控，进而使得城市房地产业在空间上的配置更为合理和可持续。不仅如此，城市规划还可以通过对城市土地使用计划、建筑容积率和密度的控制直接影响房地产业的发展模式。

然而在中国，城市规划在推动房地产业的可持续发展中却并没有发挥应有的刚性约束作用。首先，各管理部门职能重合导致在城市规划的出台过程中"政出多门"，如作为城市规划重要组成部分的土地使用规划和城市建设规划分属于不同部门，其直接结果往往是规划之间存在冲突，无法实现有效规划城市，进而无法明确城市房地产业发展的目标。其次，各职能部门权责不清导致城市规划在实施过程中"执行不力"。各职能部门相互推诿成了一种常态，所碰到的问题自然也就没办法得到及时的解决，"执行不力"的直接结果就是城市规划往往成了一纸空文，其刚性约束作用无从谈起。最后，无论是规划部门还是实施部门都没有切实重视城市规划的刚性约束作用，没有将城市规划看成一个指导和约束城市发展的严厉法规，更没有将城市规划与推动房地产业可持续发展结合起来。

三、政策因素

无论是与市场调节手段相比，还是与长期制度安排相比，短期的宏观政策以其独有的灵活性，在推动房地产业可持续发展方面具有不可比拟的优势。然而由于长期以来对可持续发展理念的忽视，宏观政策并没有真正成为推动房地产业可持续发展的助推器，相反部分不科学的宏观政策反而影响了可持续发展。

自 2003 年我国开始对房地产市场进行宏观调控以来，中央政府的主要精力放在了对市场秩序的整顿和行业发展的规范上,其主要目的是平抑高涨的房价。诚然,在房价不断高涨的今天,重出击缓解房价上涨压力无可厚非,但是我们同时也应该看到,因开发带来的生态破坏问题不容乐观,而且从长远来看,对生态质量的关注将成为评价居住质量的重要内容。然而在政府宏观调控过程中,对于平抑价格的高度重视导致其忽略了对房地产业其他指标的调控。当市场机制和长期的制度安排不能较好地推动土地资源利用和保护建筑能耗的下降时,宏观调控政策也没有进行相应的设计来弥补这一问题。

第五节 我国房地产业可持续发展的策略分析

一、通过市场力量推动房地产业的可持续发展

要实现房地产业的可持续发展就必须从根本上改变现有的发展模式。从长远来看,既需要有一个规范的房地产市场提供良好的发展平台,又需要建立起科学的相关制度来激励市场主体,采用可持续的发展方式进行房地产开发。当前,利用科学的宏观政策在短期内消除发展障碍,是推动房地产业可持续发展的一个必然选择。房地产市场发展不成熟,使房地产业相关制度也不合理,现阶段宏观调控政策存在偏差是影响房地产业可持续发展的主要原因。在进行宏观政策设计时,必须通过规范市场、完善制度、改革政策三管齐下的方式才能达到推动房地产业可持续发展的目的。

虽然市场的天然缺陷决定了仅依靠市场力量没有办法解决好公平问题和环境与发展一体化的问题,也就不能真正实现房地产业的可持续发展,但是一个规范成熟的房地产市场是房地产业可持续发展的前提和基础,同时通过对市场缺陷的改进,仍然可以利用市场力量提升房地产业可持续发展的质量。在这一过程中,必须从内化外部性、规范市场秩序和引导过度需求三方面着手。

(一)内化外部性,激励市场主体

要大胆利用市场机制调控房地产市场。纵然单一市场调节手段存在滞后性,但这方面问题可以通过强有力的宏观调控手段加以矫正。要想有效地利用市场力量调节房地产业市场主体,走可持续开发的道路,还必须解决好可持续发展中所存在的外部性问题。一个比较有效的方法就是通过对相关金融和税收政策的设计,将可能产生的外部性内化为经济成本或者收益,以此来激励市场主体投入到可持续开发的模式中来:一方面,要激励产生正外部性的行为。对那些采用可持续开发模式和节能环保技术的企业给予金融和税收

政策上的优惠，如给予贷款的便利和适当减免税收的政策；对那些购买相关节能、节地、节水、节材、环保类房地产的购买者给予适当的补贴，如给予办理按揭的便利和消费税的减免。

另一方面，惩罚产生负外部性的行为。通过减少贷款和提高税负的方法，对大量浪费土地或采用高消耗开发方式的企业进行惩治，提高这种开发方式的成本；通过征收高额消费税、资本利得税和提高使用成本等方式，对房地产业的炫耀式投资消费行为进行限制。

（二）规范市场秩序，完善市场机制

虽然仅靠市场调节手段并不能自发地推动房地产业可持续发展，但是长期规范的市场经济仍是房地产业可持续发展的必要前提。而要想推动房地产业实现环境与发展一体化等可持续目标的实现，首先就必须改变房地产市场过于短视的现状，建立起可持续发展的长期经济。

在土地二级市场上，建立起合理的土地增值分配机制，按照投入的多少来分配增值收益，这一方面可以限制单纯的土地投机行为，从而防止房地产市场波动和土地浪费；另一方面，可以有效地激励人们对土地进行长期投入和保护，在获取土地市场价值的同时，也保证土地资源不被破坏，从而为土地市场的长期存在和健康发展打下坚实的基础。最重要的是，在投资者和国家之间合理分配增值收益，可以使作为城市基本建设主要投入方的地方政府获得足够的收益，进而为房地产业的发展提供良好的基础设施和环境。在房产市场上，要改变现有的利润增长模式，提升建筑材料对房产价格的影响，应强调建筑科技对房产的价值，尤其是绿色建筑材料和建筑工艺对房产的增值作用，还应推广绿色、可持续建筑材料和建筑工艺在房地产开发中的使用。要达到这一目的，既要通过对绿色建筑材料和工艺的研究，进一步降低使用成本，扩大市场占用率，又要通过对绿色建筑材料和工艺的倡导，改变现有的消费、投资习惯和理念，提高人们对绿色房产的兴趣。

（三）引导过度需求，推动健康发展

过度的购房需求不符合市场健康发展的要求，其结果必然是透支房地产业的未来。当前房地产市场的过度需求已经对土地、能源、建材的保护和高效利用造成了极大的危害。从长远来看，不利于房地产业的可持续发展。要改变这一现状，必须从改变购买者的购买习惯和投资理念入手，促使广大民众树立起适度的投资意识和合理享用理念。然而合理的投资习惯和消费理念的形成并不能一蹴而就，它需要长时间的熏陶和培养。在当前条件下，通过税收和补贴两种手段来引导过度需求是一个较为恰当的办法。对高档物业和别墅征收较高的物业税被证明是抑制过度投资与消费，尤其是炫式投资和消费的有力杠杆。这样可以有效地提高其使用成本，进而迫使一部分人退出高端市场，从而可以从根本上缓解对高档住宅和别墅的过度需求。这不仅有利于房地产业自身的健康发展，还能促进土地资源的集约利用，推动房地产业的可持续发展。

提供购房补贴和租房补贴也是引导过度需求的有效手段。通过对购买中小户型房产的消费者提供适当的补贴，可以有效地激励消费者进行合理消费，提高中小户型的市场占有率和需求率，对房地产开发的集约发展具有重要作用，与对高档物业征收较高物业税的做法是殊途同归的。对租房行为进行大量补贴可以彻底扭转市场上"只买不租"或者"多买少租"的不良现象，使市场回归到一个较为合理的"租买比例"上来。这样可以盘活存量住房市场，减少不必要的开发面积，节约宝贵的土地、能源等资源。

二、制定合理的制度推动房地产业的可持续发展

完善合理的长期制度是房地产业健康发展的必要前提，在推动房地产业可持续发展的过程中，无论是保障代内和代际公平，还是实现环境和发展一体化，都必须借助于一个完善合理的制度基础。既然不合理的制度安排是影响当前房地产业可持续发展的根本原因。那么在进行宏观政策的设计中，必须在破除不合理的制度的基础上把完善现有制度放在首要位置。而完善不合理的土地制度、加强城市规划的刚性约束、加大节能保护的政策激励是当前制度完善的首要任务。

（一）完善不合理的土地制度

土地一级市场由政府垄断和土地保护"收益-成本"分担的不对等是土地制度不合理的两个重要表现，这两个制度缺陷共同加剧了土地资源难以得到充分保护的现状。因此改革土地一级市场，正确设计土地保护制度是当前推动房地产业开发过程中保护土地资源的重中之重。

改革土地一级市场的关键在于解决政府在市场中角色混淆的问题。政府作为社会公平的主要维护者，在土地一级市场中，应当更多地扮演"裁判员"的角色，主要负责土地政策和土地规划的出台，维护市场秩序，担负起土地资源保护的重任，然而政府对一级土地市场的垄断又决定了政府必须在土地使用权转让市场中充当唯一卖者角色，在这种情况下，将政府土地垄断者与土地使用权转让者这两个角色相分离，是解决政府角色混淆的唯一办法，一个可行的方案就是，在土地一级市场中充分利用非营利组织的作用，让他们

代替政府承担土地使用权转让者的角色，这样既能保证非营利组织中立地代表土地所有者的利益，保障土地资产的增值，不会造成国有资产的流失，又使政府能够以公正的"裁判员"身份来维持土地市场秩序，履行好保护土地资源的职责，让土地保护过程中产生的收益和成本相对应，是正确设计土地保护制度的首要任务。

一方面，土地资源保护的全局性决定了中央政府应当主动地承担起大部分土地资源保护的成本。这是因为土地资源保护尤其是耕地保护的最终目的和宗旨是国家生态安全和粮食安全，虽然从长远来说，地方政府和地方人民是最终受益者，但是从短期来看，这种收益并不明显也不直接，地方政府很难具有土地资源保护的政治激励。因而中央政府应当站在全局的高度，通过财政转移支付来推动土地资源保护工作。另一方面，土地资源保护的长期性决定了土地资源保护必须作为一项重要考核目标列入地方政府的政绩考核指标之中。而且这种考核指标不能仅仅是数量上的，而应当是具有前瞻性和可持续性的，以促使地方政府用长期的眼光看待土地保护问题。

（二）加强城市规划的刚性约束

加强城市规划的刚性约束需要从控制城市规模、调节土地使用用途、均衡城市发展三个方面入手，而要做到这一点必须首先解决好规划出台和实施过程中"政出多门"和"执行不力"的问题，必须将各职能部门相关职能进行有效整合，相关政策和规划能够相得益彰、相互配合，使土地使用规划和城市建设规划共同发挥对城市建设和房地产发展的指导作用。在执行过程中各部门能够有效配合，减少执行过程中的职能重复和职能漏洞，使得城市规划能够真正成为一个刚性约束杠杆。

具体到城市规划的设计上，首先应当强调城市规划对城市规模的控制作用，具体到房地产业就应当着力控制土地开发总面积。通过对城市规模和房地产新开发土地面积的控制减少新增土地的出让，促进存量土地资源的使用，保障房地产业可持续发展。其次，应当强调城市规划对土地使用用途的调节作用。通过对土地使用用途的调节，鼓励中小户型的开发，减少高档公寓和别墅的开发，推动土地的集约利用和房地产业的集约开发。最后，应当强调城市规划对房地产开发模式的引导作用，通过对建筑容积率、公共设施配置等具体指标的规定，保障房地产业开发符合生态和社会发展的需要，体现环境与发展的一体化要求。

（三）加大节能保护的政策激励

能源的节约利用必须让全社会树立起能源节约的意识。通过政府近些年来的大力宣传，能源节约的重要性可谓家喻户晓。但是在房地产业，无论是房地产建设过程中，还是业主使用过程中，能源使用状况仍然不容乐观。因而在加大宣传力度的同时，必须出台相应的政策鼓励人们节约能源。

首先，应当通过税收和金融政策的优惠，对那些从事符合生态效益的建筑技术研究和制造企业给予支持。可以将此类企业类比高科技企业进行税收上的减免和贷款支持，以此来鼓励该类建筑的基础研究和技术开发。

其次，对使用此类技术的开发者和消费者给予适当的补贴。通过政府财政补贴来降低新技术应用成本，从而提高此类技术的市场竞争力和占用率，达到推广新技术，促进开发方式转变的目的。

再次，对一些陈旧且对能源高度消耗的技术和设备征收较高的税收，加快此类陈旧技术和设备的淘汰速度。

最后，合理提高部分能源的使用价格，如提高暖气的供给价格，这样不仅可以通过价格杠杆激励消费者节约能源，还能促使消费者选用节能式的住宅，从需求层面上推动节能式住宅的开发。

参考文献

[1] 宁建华. 房地产经济学实证研究 [M]. 合肥：安徽大学出版社，2010.

[2] 胡利明. 房地产学基础概论 [M]. 武汉：武汉大学出版社，2012.

[3] 贾康. 中国住房制度与房地产税改革 [M]. 北京：企业管理出版社，2017.

[4] 孙福庆. 应用经济学理论前沿 [M]. 上海：上海社会科学院出版社，2016.

[5] 王净净. 房地产估价理论与应用 [M]. 北京：清华大学出版社，2014.

[6] 刘慧琳. 基于经济学理论的房地产市场供求探究 [J]. 品牌研究，2018，15（3）：183.

[7] 瞿成元. 房地产市场的需求价格怪圈——基于现代经济学的解释 [J]. 经营与管理，2017（7）：81-85.

[8] 张林颖. 从计量经济学层面探析房地产市场价格的影响因素 [J]. 中国国际财经（中英文），2017（8）：234-235.

[9] 刘洪玉，孙峤. 房地产价格与房地产经济学研究 [J]. 建筑经济，2006（2）：12-15.

[10] 孔煜. 行为经济学视角下的房价波动研究述评 [J]. 重庆大学学报（社会科学版），2017，23（1）：26-34.

[11] 张存刚，陆朝俊. 我国房地产过剩及"去库存"问题的政治经济学分析 [J]. 兰州文理学院学报（社会科学版），2016，32（3）：56-60.

[12] 刘欢. 基于品牌经济学的房地产品牌价值分析 [J]. 现代营销（下旬刊），2016（3）：19.

[13] 王洪艳，孙钰. 以公共经济学原理看我国房地产 [J]. 中国集体经济，2014（19）：14-15.

[14] 牛勇平. 房地产价格形成机制及调控政策的经济学分析 [J]. 井冈山大学学报（社会科学版），2016，37（2）：62-68.

[15] 苏国兴. 经济新常态下房地产开发成本管理的思考 [J]. 福建建材，

2015（10）：113-114.

[16] 章晓珠. 房地产市场"过冷"背后的经济学思考及政策建议 [J]. 经济研究参考，2016（42）：37-38.

[17] 韦章涵，李云婷. 房地产价格持续上涨的行为经济学分析 [J]. 商，2015（30）：274.

[18] 刘明洋. 房地产的宏观经济学说 [J]. 商，2015（7）：244.

[19] 陈捷. 我国房地产市场价格波动的经济学解释 [J]. 金融经济，2014（22）：87-89.

[20] 李宁宁. 市场供求对房地产价格影响的经济学分析 [J]. 北方经贸，2014（4）：53.

[21] 袁广新. 浅谈经济学分析在房地产开发中的应用 [J]. 现代商业，2012（7）：82.

[22] 解佑贤. 政府加强房地产市场行政调控的经济学分析 [J]. 商业时代，2012（13）：132-133.

[23] 闫明福. 从经济学视野看税收政策对房地产市场的影响 [J]. 中国城市经济，2011（2）：83.

[24] 邵慧芬，杨会云. 房地产抵押价格高估的经济学分析与对策 [J]. 科学咨询（科技•管理），2011（2）：14-15.

[25] 郑景文. 我国房地产税改革问题研究 [D]. 福州：福建师范大学，2014.